直抵人心的写作

精准表达自我，深度影响他人

文叨叨 / 著

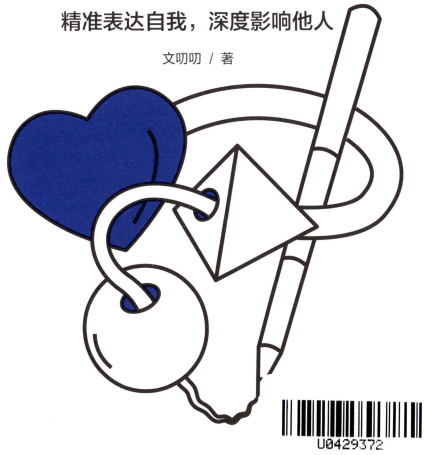

机械工业出版社
CHINA MACHINE PRESS

图书在版编目（CIP）数据

直抵人心的写作：精准表达自我，深度影响他人 / 文叨叨著 . —北京：机械工业出版社，2023.6（2023.11 重印）

ISBN 978-7-111-73510-6

Ⅰ. ①直… Ⅱ. ①文… Ⅲ. ①写作－研究 Ⅳ. ① H05

中国国家版本馆 CIP 数据核字（2023）第 130151 号

机械工业出版社（北京市百万庄大街 22 号　邮政编码 100037）
策划编辑：欧阳智　　　　　　责任编辑：欧阳智
责任校对：肖　琳　彭　箫　　责任印制：李　昂
河北宝昌佳彩印刷有限公司印刷
2023 年 11 月第 1 版第 2 次印刷
147mm×210mm·8.5 印张·1 插页·189 千字
标准书号：ISBN 978-7-111-73510-6
定价：65.00 元

电话服务	网络服务
客服电话：010-88361066	机 工 官 网：www.cmpbook.com
010-88379833	机 工 官 博：weibo.com/cmp1952
010-68326294	金 书 网：www.golden-book.com
封底无防伪标均为盗版	机工教育服务网：www.cmpedu.com

[学员成长故事]

以下是作者部分学员的成长故事,或许是你了解本书的入口之一。

当了十几年全职妈妈,本以为自己早已被社会淘汰,不可能再有事业。跟着叨叨学写作这几年,我挑战了很多不可能。写作的过程,一次次地追问,是一次次认识自我、重塑自我的过程。我从一个找不到价值的全职妈妈,变成了一个受人尊敬的声音教练。蜕变是不易察觉的、缓慢的。忽然有一天,我发现那些现实的困难、重重的局限都一一被解锁,我活成了自己喜欢的样子。

——金玲(全职妈妈,声音教练)

叨叨对我的影响,远不止写作层面。我第一次创业时,因为推广需要写作,便与她结识,她教会了我克制地表达;我第二次创业时,她成了我最给力的产品顾问,她教会了我什么是真正意义上的真诚、利他、用户思维。难得的缘分,我们前后脚做了妈妈,她又成了我产后的密友和事业重启的精神支柱。在我眼里,她是最懂写作的产品经理,是逻辑满分的职场前辈,是干练通达的人生导师。

——Hazel 禾子(形象顾问)

可以说,文叨叨改变了我的人生轨迹。几年前的第一期写作班,我就报名参加了。那时,我看到了叨叨的真诚和"笨拙",她不愿做轻松且看起来热闹的东西,每一步都很稳。6年多来,我们从师生,变成同事、朋友,每年都会见面,在迷茫时互相倾诉,低谷时彼此宽慰。在30岁时,我在写作方面的热情彻底被唤醒,从上市公司裸辞,成了一名美食与生活方式领域的自由撰稿人,有生之年,去奔赴双重热爱。每个人都不是孤岛,这个时代,任何个体都需要表达。我永远相信文字隽永的力量。

——小马
(自由撰稿人,生活方式博主)

跟随文叨叨老师3年半,从写作没有章法、跟着感觉走,到能逻辑清晰地谋篇布局,越来越精准地表达自己的想法,从叨叨老师这里学到的,不只是写作技能,更是思维方式上的转变。细数这一路的成长,让人充满惊喜:工作上,之前的稿件经常被打回修改,到后来基本都能一稿过;生活中,将写作作为梳理自己的工具,每次写作时的追问都能让我更好地认知自己。

——奶茶(教育品牌文案)

随着时代的发展,企业的用人需求在发生变化,随之而来的是高校人才培养方向的变化。"软技能""底层逻辑""学习迁移能力"是经常被提到的词。"自我追问式写作"帮我很好地构建了这种终身学习的能力,我也把这种写作和思考方式推广给了更多的高校教师,并得到了认同。

——梦琪(高校教育研究者)

我 2018 年就跟叨叨学习写作了,叨叨的追问大法让我在 3 个月时间里写出了万赞爆款笔记,收获了 5000 多个粉丝,一路从小白成长为自媒体博主。

——超妈(小红书育儿博主)

跟叨叨老师学写作 4 年多,写作仅仅是最小的一个收获。同事们经常说我每次讲座 PPT 思路都很清晰,尽管我所涉及的主题自己并不熟悉,但在百人网络试讲中"意外"获得优秀;给当老师的朋友帮忙,接触我完全陌生的儿童写作教育时,也被称赞上手很快……我发现:叨叨老师教的都是最通用的底层逻辑,表面上看是写作训练,其实是思维方式的练习。而思维方式,是关乎所有输出和表达的关键,小到日常表达,大到个人的影响力。

——孙丽(儿童性教育培训讲师)

从小就喜欢写作,但我从来没想过自己会成为专职文案。跟叨叨老师学写作这 5 年,我从写作小白,到职业写作者,再到业余赚稿费一万多元的人;从一开始跟无头苍蝇似的找工作,等待被挑选,毫无方向,到现在我挑公司,拿回选择权,坚定自己的职业方向。因为学写作,我一个来自三线小城市的女孩的眼界逐渐得以拓宽。

——张欢喜(新媒体文案策划)

作为一个新手妈妈和职场女性,我摇摆在家庭和事业这个跷跷板的两头时,遇见了叨叨老师。于是,重拾写作,在一地鸡毛的生活中得以高歌猛进。几年间,从 100 天写作训练营到私教班,从学员到陪练，不断跟随叨叨打造写作内功，用追问的方式思考人生；理解沟通的本质，用坦诚的态度表达自我。相由心生，境随心转。当我越想越通透，越写越清楚时，掌控感随之而来，幸福自然由内而生。一朝闻道，受益终身，感谢叨叨亦师亦友的引领和陪伴。

——清浅
（互联网产品经理）

我大学学的是会计专业，现在在深圳一家全国500强集团公司做文案策划，没想到适逢新冠疫情的"大龄剩女"也能顺利转行跳槽。以前我每次写东西都靠"灵感"，灵感来了写得又快又好，灵感没来死活憋不出。因为不是中文专业出身，所以我曾被甲方客户质疑过文案水平。2017年，我开始接触叨叨老师的写作理念，在不断追问、改文的过程中，我经常发出"还能这么写"的感慨。写作水平有了质的飞跃，我才真正有底气与甲方据理力争，有底气在跳槽时用作品争取自己满意的薪资。

——徐小鹿（深圳文案策划）

在部队时，因为工作需要，我接触到了叨叨老师的写作理念，这之后我在新媒体编辑岗位上赢得了不少荣誉。退伍后，重新择业，面对完全陌生的职场，毫无方向时，是"自我追问式写作"再次帮到了我。我不断追问自己：想要什么样的生活？自己的职业规划是什么？短期目标是什么？通过不断追问和思考，我得到了一份清晰的五年规划。如今，已是我步入职场的第二年，写作一直帮助我不断提升思考能力，也助力我从子公司升迁到集团公司就职。感谢叨叨老师，让我不只能写得明白，更能想得清楚。

——行者无疆
（退伍军人，企业文化职员）

"对象感"和"表达时要提出观点"是我在写作课中最大的收获。不仅让我摆脱了"自嗨式"写作，开会汇报时，我也会开始更关注老板、客户在意的是什么，去讲关键困难、关键成果、方法论，而不是自己想说什么就说什么。

——叶子（电商渠道经理）

我和文叨叨老师的故事，是我从80多家分支机构中的小透明到总部部门优秀员工的故事，是我职场10年瓶颈期突破自己的故事。这些故事得益于我在叨叨老师那里学来的思维方式和沟通表达技能。在职场上停滞不前时，不能用现有方法去期待转变,要勇于自我迭代,用新自己换一个新未来。

——阿萍(金融国企职员)

"对象感"是我学到的最受用的一点,在家庭生活中,它让我和伴侣的沟通更顺畅;在职场中,它让领导更愿意听取我的想法,少了很多误解。我把写作方法用在公司辩论赛的结辩词里,完成了一篇篇优质的结辩稿,打动了评委和观众,最后拿到了总冠军。写作,不止于写。掌握写作的底层逻辑,融会贯通,一切便会水到渠成。

——关关(事业单位职员)

和叨叨老师的相遇源自一场北京胡同里的线下年度分享,叨叨老师不端不装的风格是我喜欢的,一如跟随两次写作私教班感受到的,真实直接、"药到病除"。在追问中清晰,在追问中深入,就像徒手剥洋葱,层层深入内核,伴着眼泪,真实而通透。作为专业教练,带着觉察提问是我的看家本领,但常常在下笔时卡住,为什么呢?想要表达的太多,一篇文章如何承载?理智和情感打架,既想"干货"满满,又想真情切切,怎么平衡取舍?思绪联翩,有的向他人语,有的自语喃喃,如何持续达成高价值

的表达?种种问题,我都在叨叨老师那里找到了答案。写作,不止于写。生命美好,爱在流淌,值得我们恒常表达。

——宁晔
(家庭教育教练)

在我心目中,叨叨老师是江湖女侠般的人物。她最厉害也最令人生畏的武器是她那一连串追问,犹如抛出的一把把飞刀,既能把你文章里的"假我"包袱一一砍掉,只余主题突出,观点鲜明,又能帮你敲破困顿,引发新思。前提是,你要能经受住她的连环追问。

——Mirror(公务员,二孩妈妈)

一个月的写作营让我多年后重拾了写作的自信。我现在已经完全不畏惧写东西了,甚至还有了蓬勃的写作欲望,像是打开了写作的大门。无论是方法论,还是观点输出,或者记录生活,都很快能构建思路、想好一系列的输出方式。自我追问和由浅及深、由表及里的这种思维训练不仅可以用在写作训练中,也适用于应对人生的各种问题。

——馨竹
(北京师范大学应用心理学硕士)

叨叨给我最大的"当头棒喝"

是教我认清：写作，要勇敢地发出自己的声音。叨叨说："你的想法肯定会跟别人的不一样，就算人云亦云，也不可能让所有人开心。如果你害怕这一点，就不要做文字工作者了。"写作，不仅是描述客观事实，还需要有一种表达自己的独特观点的勇气。

——Candice
（英语老师，语言学留学生）

跟着叨叨老师学写作，我有一个观察：为人真诚是一种态度，让对方感受到真诚是一种能力。而叨叨兼具真诚的态度和能力。最初我对私教班的粉丝黏度感到很惊讶，心想这位老师到底有多大的能耐，可以让学员心甘情愿地复购和推荐，一次又一次。后来发现，其实很简单，她就是无比真诚、扎扎实实地分享和指导，一遍又一遍。然而，在一个浮躁的环境里，要耐心、坚定地这么做，日复一日，其实不容易。感谢与叨叨老师在生命中相遇，来日方长，继续同行。

——Amber（香港大学荣誉毕业生，国际进化教练）

从遣词造句到情感表达，叨叨教我如何一遍遍打磨文章，最后，文章从满满套路变成有观点、有情感的表达。在不停地追问中，我发现自己对使用模板写作很抗拒，并且希望自己写的文章也可以表达观点。这对我而言非常重要。写作不再是上交任务，我在用模板和自我表达之间找到了一条中间的路。这让我得以从别扭中走出来，开始享受工作。

——静静（事业单位新闻编辑）

和老师做课程研发时，我就经常用到"追问"。我会问老师，这节课想要表达什么观点？想要输出什么工具给学员？这个工具可以帮助学员解决生活或工作中的哪些问题？这三个追问会帮助老师厘清这节微课的核心价值在哪里，可以交付什么成果。叨叨老师的写作营不仅可以运用到日常写作中，其实也非常适用于课程开发。

——李秋琳 Niki
（课程研发，产品经理）

我有一定写作基础，因为希望进一步提升，报了叨叨老师的写作私教班。要问叨叨老师给我的重大影响是什么，肯定是叨叨老师一直反复强调的"追问大法"。作业练习中，她通过"追问"的方式引导我一步步把"卡点"疏通。

当时我被问得一度哽咽,但我很快意识到,一直让我写作无法突破的问题是"自嗨成性":沉醉于铺陈事实,缺乏深度的总结和观点提炼。虽然这个过程时常让我脑仁疼,很痛苦、很折磨,但通过"追问"能获得最底层的想法或者解决实际问题。

——林恩(央企职员)

3年来,我平均每年投资在自我提升上的金额是5000元左右,毫不夸张地说,叨叨的写作训练营是我体验过的训练营中性价比最高的。

——王小慧(国企职员)

这些年我参加过各类线上、线下培训班,叨叨是我追随时间最长的写作老师,算起来有4年。叨叨不属于产量大的写作者,文风也不浮夸,从不刻意去吸引读者,但每一篇文章都能触达读者内心最深处的某个点。

——椰子(咨询顾问)

一直以来,写作只是我的兴趣爱好,直到被叨叨的自我追问式写作方法启发,发现兴趣居然可以转化为技能。2021年,我开始在自媒体平台写作,分享咖啡知识,筹备咖啡课程。写作这件事不再只是简单的兴趣,也渐渐成为工作和生活的重心。每个人心里都封存着一座文字宝藏。叨叨会用她特有的方式,带着你找到开启宝藏的钥匙。

——薄荷
(咖啡馆主理人,咖啡品鉴师)

5年时间,我从全职宝妈,到兼职文案,再到成为一家文案策划公司的创始人,这一切转变的起点都是因为参加了文叨叨的写作训练营。从全职妈妈的迷茫中走出来,与原生家庭和解,链接创业资源,5年我变成了新的自己,也实现了阶层跨越。叨叨总是能让人在思考和写作中找到迷失的"自我",陪伴你找到并实现自己的人生课题。

——未书(文案策划公司创始人)

作为公司内宣人员,会习惯用"高大上"的词,有时候还得凑字数。叨叨的写作训练营,让我第一次了解到了"真诚写作"的力量,以及在不讲"正确的废话"之上,还有很多值得挖掘的角度。突出团队,可以不用喊口号;写人物,可以不用堆砌歌颂的句子。换个视角,创作的空间变大了,文章也更打动人了,甚至有好几次都被拿去当样本用。

——展劲(汽车企业内宣)

写作这件事伴随我度过了一个

职业转换期，完成了从打工人到自由职业者的过渡。在每一个迷茫困惑、纠结的时刻，写作就像一个亲密可靠且严谨的伙伴，用"连环追问"来协助我用文字跟自己的内心对话，梳理真正的需求。梳理清楚了，答案也就自然浮现了。

——一颗大森
（平面设计师，插画师）

认识叨叨，竟然有 5 年了，对新媒体的了解、对更大世界的好奇……都源自参加了她的写作班。在训练时死磕一篇篇文章，让我拥有了扎实的写作技能和运营经验，基本可以搞定各种文风。这不仅给我的个人微信公众号和微博积累了读者，也成为我跨行找工作的底气。

——少女肖
（新媒体编辑，读书博主）

5 年前，厌倦了每天和工程图纸打交道的我，为了重拾自己的写作爱好，到处寻找写作班。学了一堆之后，自己却越来越迷茫：在人人都追求阅读量过 10 万的时代，普通人的日常记录和表达还有意义吗？终于，遇到了文叨叨。她敢于抛弃套路，不谈快速变现，回归写作的底层逻辑，教我们该怎样把一件事想清楚、说明白。如果你要问我，这 5 年跟着叨叨老师学会了什么，我会这样回答：借由写作这件事，我学会了如何好好生活。

——云朵（航天工程师，读书博主）

文叨叨是我遇到的最奇怪的老师。第一次成文后等她建议，她却问我"你想写一个什么故事"。当时觉得这个老师真是怪，不给答案反而向我提问。后来才发现追问的可贵。在我当了写作老师后，依然沿用了追问的方法。学员想法太多无从落笔时，问一问，他们会惊呼"呀！有思路了"。

——包耳（撰稿人，培训师）

在感情岌岌可危的时候，我决定给老公写一封"诀别信"。写的过程中我不停追问自己，"真的要结束吗""自己没有做错什么吗""就全是他的问题吗"……写完之后，冷静了很多。可以说，通过追问式写作，我梳理清了初涉婚姻遇到的问题，让我的婚姻恢复了健康状态。

——少侠（产品经理）

我写作中的毛病很突出也很顽固，老师点评中肯，没有高高在上，也没有虚与委蛇。犀利指出症结所在，点出问题也指明方向,一步一步让我自己证明给自己看:我能改进,我可以做得更好。于是,自信心一点一点累积,还有什么比收获一个更自信的自己更美好呢?

——张小北

(咨询公司分析师,中医学在读)

一看到叨叨老师微信朋友圈的推荐,就参加了她的写作入门班。时间很短,收获很多。我开始学会梳理自己的思绪、提炼观点;开始能够从读者的角度审视自己的文字,确保对象感和价值感。更重要的是,加入叨叨老师的微信群是我开始做个人品牌的契机。我开始在小红书分享育儿方法,累积了6万多名粉丝,还出版了自己的第一本书《情商这门课,只能父母教》。感谢叨叨老师。

——唐雯

(美国教育学硕士,深耕教育13年)

我每次写东西都会发怵。我不知道怎么把心中的一团乱麻理清楚,也不知道怎么有条理地表达出来。参加叨叨的写作班,让我掌握了一些朴素、具体、可持续的练习方法。是她把我从写作的恐惧中解救出来。

——慧慧(北漂程序员)

扫码收听更多真实蜕变故事,本书作者亲自语音讲述,
4个普通写作者在写作中重塑人生的故事……

扫码关注公众号,
查看作者更多写作干货和成长心得。
公众号后台回复"直抵人心的写作",
领取本书"边学边练"参考样例,有机会获得1V1点评。

[自序]
PREFACE

写这本书时,我是有野心的

亲爱的读者朋友,你好。谢谢你拿起这本《直抵人心的写作》。我真正开始提笔写这本书是在 2019 年,主体内容是在 2020 年完成的,那年跟书一起孕育的,还有我肚子里的小生命。到现在,孩子已经 3 岁了,这本书才刚刚"出生"。但是在我眼里,这本书应该算是我的一孩,家里这个活蹦乱跳的小女孩才是二孩。为什么这么说呢?

2016 年冬天,我从百度辞职,结束了 8 年的职场生涯——从图书公司的编辑部主管到百度高级产品经理,重启写作,开始了自由职业的探索。也是在那时,我给自己起了"文叨叨"这个笔名。7 年过去了,文叨叨不仅是一个笔名,也成了一个成熟的写作思维培训品牌。这本书就是我这几年所有经验的沉淀。

细细想来,我的整个人生轨迹的改变,就是从拥有这个笔名开始的。从中文系毕业后,我做过 5 年图书编辑,策划出版过有百万册销量的畅销书,最终做到了图书公司的编辑部主管。随着行业发展下行，我自己的职业也进入了瓶颈期。四处寻找出路时，我选择了转行，很幸运地转行到了互联网行业，在百度做了 3 年产品经理。那次大跨度转行让我完成了一次思维方式的重塑。一直到 2016 年 10 月，当时 31 岁的我，决定裸辞，寻找人生能够更开阔的可能性。

2016 年是我作为文叨叨的开始，也是我整个人生的分水岭。虽然是中文系出身，也从事了很多年文字工作，但真正书写自己的生活，是从 2016 年才开始的。一开始，我就发现了不同。曾经那个爱写煽情小调的我，早就消失不见了。重启写作后，我的文风不只有些许温情的底色，也更加精练、利落、富有逻辑——真正的产品经理"附体"。那时我就猛然意识到，写作看起来靠文笔，本质上离不开思考。文字本身就是想法的外显、思考的结果。

你是怎么想的，就会怎么写。想得清楚，才能写得明白。

2016 年 11 月下旬，重启写作 1 个月后，我写出了第一篇"爆款"文章——《你喜欢现在的你吗：写在 31 岁生日这一天》。那篇文章细数了我 31 岁时的成长困顿、职业探索和对生活解法的思考。很多人都喜欢那篇文章，说我写出了他们的生活，让他们有极大的共鸣，一字一句完全写到他们心坎里去了。他们喜欢我逻辑清晰，也被细腻入微的情感所打动。

我更加确定，想要让文字影响别人，创作者首先需要精准表达自己。当我们能恰如其分地表达自己内心的想法时，更容易走进别人的内心。写出自己内心的想法，或许看起来很简单，其实并不容易。随着文章影响力的扩大，有越来越多的读者问我，怎么才能像我一样精准表达自我，写出有共鸣的文章。问的人多了，我开始一边写作，一边总结我自己的写作方法论，并开始开写作班。开了 6 年多写作班以后，我在全网结识了 5 万多名学员，最常听到这样的困惑：

- 我脑子里有很多想法，但就是写不清楚。
- 写的不是心中所想，不能准确表达自己。
- 写个开头就写不下去了，越写越乱。
- 写得很"嗨"，自我感觉良好，但别人读完反应冷淡。
- 觉得自己的文字平淡乏味、啰唆冗长，不深刻不高级，自己都读不下去了。
- 好不容易写得让自己满意了，朋友看完问"你到底想表达什么"。

上述困惑，你有吗？开写作班的这几年，我每天面对的都是这些真问题、真困惑。与此同时，大多数的写作课都在教"如何写出爆款标题""开头的 5 种写法""提升文笔的 3 个方法""这样才能写出金句""学会调动读者情绪""小白也能靠写作月入过万"……问题和解决方案，看起来并不合辙。而且我发现，很多人的写作信心，恰恰就是被这样的套路和包袱毁掉的。因为即使按照爆款文章的结构写，怎么写也都只能模仿个皮毛；即使学了 10 种开头的写法，也无法掩盖整篇文章的空洞；学着那样写，看似能调动情绪，实际更像是无谓的"自嗨"……长此以往，如果收效甚微，新手创作者很难不开始怀疑自己不是写作的料，对写作这件事也就更恐惧了。

写作的信心从哪里来？首先，停止错误归因，重新认识什么是好、什么是写作的基本，探寻写得好的底层逻辑。然后，摆脱套路，回归基本。我决定，关注普通写作者的真问题、真困惑，回归写作的底层逻辑，踏踏实实教大家如何把一件事想清楚、写明白，完成一篇言之有物、观点独特的文章；从梳理想法开始，逐渐完成精准表达 – 深刻表达 – 表达生动有共鸣的写作进阶。

也许有很多书教"写作技巧"，但本书意在分享助益写作进阶的"思维方式"，我把这种思维方式称为写作的底层逻辑。因为我认为，**写作的本质是思考，是对思维方式的重塑。摆脱套路，重新抓住写作练习的重点，才能重建写作自信，开启无压力的写作。**这是本书的第一个不同。

在时代的裹挟下，整个世界的沟通和联结越来越线上化。我们在微信群里跟同事商讨业务细节；用电子邮件跟远方的客户做提案；给老板写汇报工作的PPT；在竞聘演讲前准备发言稿；写一篇小红书的图文笔记来推广自己的产品；编辑一条微信朋友圈文案来推荐刚吃过的某家餐馆；写一篇读书笔记发表在自己的微信公众号上；在通勤路上用手机敲字回复学校老师的留言……当写作回到真实生活中时，它的沟通属性被放大了，而良好沟通的前提一定是你能精准表达自己的想法，进而让自己的表达清晰有力、影响他人。

本书完整的书名是《直抵人心的写作：精准表达自我，深度影响他人》，这里的"直抵人心"其实有两层含义：直抵自己的心；直抵别人的心。当一个人思路混乱时，如果他通过写作可以理清自己的思路、精准表达自己的想法，他就相当于看见了自己的内心。当一个人能精准表达自己时,他就离影响他人不远了。关于直抵别人的心,我认为可以分成三个层级——这也是本书的主体框架,每到达一个层级,就能相应地发挥出一级的影响力。

- 事实层:提供信息价值。
- 观点层:提供思考价值。
- 渲染层:提供情感价值。

在事实层,应该提供精准的信息价值,让读者知道你想表达的是什么;来到观点层,应该在传递信息的基础上提出独特的观点,引导别人产生思考;为了达到渲染层,不仅要让读者获得信息和思考启发,还要让他们有情绪共鸣。而直抵人心,其实就是文字的影响力从浅到深的过程。

那么,新手创作者应该如何从梳理自己内心的想法开始,精准表达自己,逐层提升影响力,让写作直抵人心呢?**本书将要介绍的核心方法是:自我追问。也就是向自己提问。**通过不断自我追问,得到有价值的答案,能够帮助你厘清思绪,加上对读者需求的洞察,进而真正弄清楚写作时应该抓住哪些重点、从哪个角度切入、以什么方式来写。

会问,就会写。向自己提问,本身就是思考的方法和过程。自我追问式写作,重点是锻炼思考能力,而思考能力是写作的内核。只要内核稳了,你就能轻松驾驭不同场景、不同类型的写作,写得清晰畅快。

绪论部分会整体阐述本书的理念,后面各章也会结合真实案例专门介绍如何让你的写作逐层提升影响力，这里先不赘述。总结出这一整套方法之后，我长舒了一口气。作为一个曾经的编辑部主管，一个在一线教写作的品牌创始人，一个坚持写书不能"炒课程稿冷饭"的新手创作者，我觉得我对自己和我的老学员们，都有了一个交代。可以说，我真正超越了对碎片化方法的堆砌，形成了自己独特的理论体系，并且能做到自圆其说。这是本书的第二个不同。

细心的读者可能已经发现了，本书没有任何名人推荐，反而是把学员反馈与评价放在了书的最前面。之所以这么做，有两个考量。第一，我今天能总结出十几万字的写作方法，都是基于这6年多跟学员们的教、学、评的过程。如果没有他们，我就没有契机思考写作这件事，没有案例去练习，也就没办法总结出任何方法。所以这本书，并不是我一个人写的，其实是我和学员们一起完成的。第二，书中有近百个真实写作示例，全部来自学员平时的创作练习，没有选用其他常见的经典案例。

这6年我始终在写作教学的一线，亲自下场点评学员的作业，盯着他们不断地改改改。所以，除了分享方法，我更能理解每一个写作者那些最细微甚至可意会不可言传的困惑和卡点，并试图将它们一一解开。我很享受这些死磕的过程本身。课程结束之后，学员们不仅能收获写作水平提高带来的成就感，他们在写作之外的收获似乎更多。

我的学员中有前央视财经的记者、咖啡馆主理人、事业单位文员、全职妈妈、留学生、"大厂"产品总监、银行职员、学校老师、杂志社主笔、上市公司员工、航天工程师、新媒体从业者，也有瑜伽老师、健身博主、形象顾问、心理咨询师……他们来学习写作的初衷各不相同：有的是因为本职工作需要一定的写作技能；有的是纯个人爱好；有的是想为转行做准备；有的是想通过学写作推广自己的创业项目；等等。课程结束之后，他们拿到的结果也各不相同。

6年过去了，现在他们中有的人已经如愿转行，成了以写作为生的创作者；有的因为出色的逻辑思考能力，在职场上获得了跨越式晋升；有的从零开始，成了粉丝数量可观的自媒体博主；有的通过写作将自己的品牌推广到了更多用户的面前。还有更多的人，他们并没有用学到的写作技能带来任何工作上的改变，但他们因为在写作中不断训练思考能力，逐渐变成了一个在生活中遇事总能冷静分析、深度思考的人，活得越来越通透。我至今仍记得一位学员的评价，她说："谢谢你们，让一个5岁的小女孩能够拥有一个更好的妈妈。"

我所推崇的写作，是一种基于思考能力提升的写作：通过梳理心中杂乱的想法、深度思考，形成逻辑清晰、言之有物的文字。当我的学员们不断思考、不断自我梳理、不断地写时，他们逐渐就成了人群中那个能精准表达自己、深度影响他人的人。**最终，关键不是他们写了什么，而是在写的过程中，他们能成为一个什么样的人。**这是本书的第三个不同。

这篇自序的标题为《写这本书时，我是有野心的》，这个野心并不是指对高销量的高期待，而是一种纯粹的自我要求。作为曾经的图书出版人，我知道什么是真正写得好的书，越知道什么是好的，越不能容忍自己写出平庸的东西。写这本书时，我一直在追问自己：市面上有那么多教写作的书，读者为什么要翻开我这本书？这本书是否值得被反复阅读？通过不断追问，我决定要写点不一样的，也就是本文前面提到的关于本书的"三个不同"。我不确定自己是否真的做到了这三点，但我一直在用120%的努力朝着这三个目标飞奔。

这本书中没有爆款标题的写法、追热点的方法、快速积累素材的方法，也没有如何靠写作快速变现的方法。任何表面技巧和写作之外的功利性引导，这本书里都没有。我只希望和你们深入地聊一聊写作的内核。希望你读完这本书，能真正感知到写作的魅力，燃起写作的热情，精准表达自我，写出言之有物的好文章。如果读到这里你依然认同我说的，并想在心里跟我暗暗击掌，那么这本书你会喜欢的。

- 如果你从来没有学过写作，那么这本书能够帮你建立对写作的系统认知，让你在创作路上少走弯路。
- 如果你已经开始写作并且有具体的困惑，那么你在阅读本书时可能会很多次地感慨"写到我心坎上了"。
- 如果你学过很多套路，对写作的热情几乎殆尽，那么回归真诚的写作，应该可以帮你重拾信心。
- 如果你想要提升思考能力和综合表达能力，那么偶然间翻开这本书，你可能会找到抵达目标的全新路径。

基于深度思考的写作，让我们能够更好地表达自我，获得清晰的头脑，成为人群中闪闪发光的人，收获真正的影响力。愿我们都能想得清楚、写得明白、活得通透。

文叨叨

2023 年 2 月于天津

目录 CONTENTS

学员成长故事
自序　写这本书时，我是有野心的

绪论　写作的底层逻辑到底是什么·001

　　写作有 3 个层级，你在哪一层·001
　　好文章来自一连串的好问题·010
　　不慌不忙从 0 到 1 写好一篇文章·028
　　真诚是写作永恒的底色·041

第一部分
事实层：提供信息价值，写得清晰到位

第 1 章　对象感：心中没有读者，就不会赢得读者·048

　　当我们谈到读者时，我们在谈什么·048
　　摆脱"自嗨"，建立对话姿态·053
　　为读者提供更丰富的价值·061

深度挖掘需求，超越读者的期待·068
如何成为一个有"对象感"的写作者·077

第 2 章　逻辑顺：铺设表达通路，让信息精准触达·087

越少越好，抓住关键点·087
文章逻辑顺畅的 4 要素·101
4 个万能结构模板·114

第二部分
观点层：提供思考价值，写得深刻独特

第 3 章　有观点：从平庸到深刻，让表达更有力·128

超越事实和感受，提出观点·128
大胆思辨，为旧事物下新定义·138
透过现象看到本质，想别人之未曾想·143
最深刻的观点来自最扎实的行动·152

第三部分
渲染层：提供情感价值，写出说服力和共鸣

第 4 章　好故事，温润有力地说服·162

打破线性叙事，把事实变成故事·162
变化的过程比结果更重要·172
写出现场感，邀请读者入戏·179

从寡淡到丰沛，饱满情绪如何自然流淌出来·187

袒露丰富的内心活动，让情绪有更多层次·191

如何讲好自己的故事·197

第 5 章　提升语言质感，营造沉浸式的阅读氛围·212

见字如面，语言质感就是你生活的质感·212

4 把"剪刀"，让啰唆变精致·221

巧用 2 把修辞刷子，营造沉浸式的阅读氛围·230

隐形乐谱为文字增加美感·238

附录　文叨叨文章精选·246

后记　写作，让我们品尝生活两次·248

[绪　论]
INTRODUCTION

写作的底层逻辑到底是什么

写作有 3 个层级，你在哪一层

重要的不是写什么，而是写给谁看

朋友发来微信：叨叨，我老家有急事需要我回去处理，刚好我最近工作很忙，为了让领导批假，我的请假条怎么写比较好？我打算这样写：

> 廖总，老家来电话，有急事需要我本人回去处理。本周周四、周五需要请两天假。望批准。

可能怕领导不批，不过几十个字，却让这个职场老人犯了难。如果想写好这样一条微信，我们很难界定是需要用到写作技巧还是沟通技巧。现在，涉及写作的场景越来越多，大到一封合作邮件、一个项目汇报、一次年终总结、一篇广告软文，小到一次会议发言、一条朋友圈文案、一条30字的请假微信、一段100字的自我介绍，甚至每天大量发生的微信、钉钉等即时文字沟通，因此写作已经不仅仅是表达个人的所思所想，更是一种交流方式。写作的强沟通属性和实用性，从未像今天这样突显且重要。

写作不再是文职人员的专属技能，用文字精准表达，已经成了这个时代每个人的必选项。不管是在职场还是在自媒体领域，写出影响力都是普通人逆风翻盘的机会。但是，编写一条30字的请假微信，算是写作吗？需要用到写文章的技巧吗？请假条怎么写得直抵人心呢？

我国著名教育学家叶圣陶先生在《怎样写作》一书里明确提出："写文章跟说话是一回事儿"，"决不是找一些稀奇古怪的话来写在纸上，只不过把要说的话用文字写出来罢了"。大教育家在80年前就已经讲透了写作的本质。写和说，在80年后的今天变成了无法完全区分的一件事。

暂时抛开写文章的技巧，说话最重要的特点是有明确的沟通对象，话一定是说给某个人听的，说者也都希望得到听众的赞同，引起共鸣。说有分量的话，才能产生影响力。世界是会向擅长表达的人倾斜的。写作也是一样，重要的不是写什么，而是写给谁看。

上面那条请假微信，表面看是告知领导自己要请假这个事实，本质上是希望影响领导的判断，让领导被说服，同意自己的诉求。所以，编写请假微信的目的并不是传递信息，而是影响和说服。看清本质、明确是写给谁看后，那条请假微信可以简单修改如下：

廖总，有个事情想和您商量下。刚家里来电话，有急事需要我本人回去处理一下，特此申请本周周四、周五调休两天。我明天会把本周的工作全部处理完，调休期间会保持手机畅通，确保不耽误工作，望批准。

这条微信看起来只是增加了"休假期间的工作安排"，实际上它传递的观点已悄悄改变。前者传递的核心观点是"我家里的事非常重要，值得我抛开工作去处理"，后者表达的核心观点是"我请假不会耽误工作"。很显然，领导更容易接受后者的观点。相对妥帖的安排，也确实是写到了领导心坎里。

文字都是自带倾向性的，哪怕只是平铺直叙地传递信息，实际上也是在表达观点。为了防止信息传递有偏差，写作者需要保持对读者的敏感，转换写作的视角。只有先考虑读者的诉求，再组织自己传递的信息和观点，才能让表达更精准、有效。

你的文字为读者提供了什么价值

前后两条请假微信，看起来后者陈述得更妥帖，但本质上是思维方式的差别。写作本质上是思考，思考的角度和深度不同，筛选的信息和传递的价值就有天壤之别。在这点上，一篇3000字的广告文案跟一条50字的请假微信的思考逻辑是一样的。

今年我看了50本书，画了10幅画，换了一份喜欢的工作。好开心。

这句话只陈述了事实和感受，没有深刻的思考，也很难引起情感共鸣。

> 今年我看了 50 本书，画了 10 幅画，换了一份喜欢的工作。这些都是我之前从未尝试过的事，今年全部做到了。我突破了很多旧自己，换来了一种全新的生活状态。

在事实之上，有对事实的思考，还能提炼出自己的主张、态度、判断。这样的表达，为读者提供了有思考价值的观点，对读者更有用。甚至由于这种"尝试和突破"的情感表达，读者因此产生了情感共鸣。

> 这个项目用时 3 个月，我们加班加点，克服了很多困难，数据增长 30%，超额完成 KPI。我们会积累经验，再接再厉，继续创造好的业绩。请领导指示。

这样一份项目总结，呈现的仅仅是事实。虽然罗列了事件和结果，但总结缺少自己的思考，在领导那里大概只能得到一个踏实肯干的基础印象分。如果换一种写法，在事实之上，再去提炼观点呢？

> 这个项目用时 3 个月，数据增长 30%，超额完成 KPI。项目作为公司的创新试验项目，数据增长远超预期。我们总结了两方面的经验。首先，这个新业务模式如何规模化，我们总结了一套规模化的实现路径和资源支持需求，如下三点（略）。其次，我们总结了创新类项目的可复用流程，以后公司所有创新项目都可以借鉴这

个流程，让效率最大化，成本最小化。关于这个流程，我已经形成了一份文档，详情如下（略）。

同样是做了很厉害的业绩，前者只提供了基础事实，后者在事实之上展现自己的思考过程、表达观点、总结方法论，使汇报的影响力翻倍。后者大概率会赢得更多青睐、信任和机会。本质上，仍是因为后者为领导提供了更丰富的价值，不仅有信息价值，还有思考价值。

一套理财课程的推广软文，开篇文案有下面两个版本。

版本 A

俗话说，你不理财，财不理你。

理财已经成为现代年轻人的必备技能之一，学会理财可以享受时间的复利，可以让你跑赢通货膨胀。在这个钱越来越不值钱的时代，不管有没有钱，都是要理财的。

这个时代，哪怕你什么技能都不学，也至少应该学一学理财技能。

版本 B

辛辛苦苦工作一个月，赚得不少，什么都没攒下，钱不知不觉就没了。

工资每年都涨，存款却还是 0。

想理财，既觉得自己钱少没财可理，又承担不起股市的风险。

每家保险公司都说自己的产品天下第一，到底哪个才最靠谱？

　　专门给工薪阶层开发的小白理财课，让你迈出从 0 到 1 理财的第一步，钱少也能好好理财。

两个版本都传递了"钱少也能理财""年轻人应该学理财"的观点，内容没有本质区别。但版本 A 是干巴巴的说教，版本 B 不仅有对用户需求的敏锐洞察，还通过故事化的讲述方式，将目标读者的具体困惑放进了真实的生活场景里，让文字非常有代入感。读者会觉得句句写的都是自己心中所想，并且会因为产生了共鸣和信赖而更容易被说服。表面上看，版本 B 的文笔更好一些，但本质上，是因为它提供了更丰富的价值，在提供信息和观点价值的基础上，又继续提供了情感价值。

文章的好坏，表面上看是技巧、文笔的优劣，本质上是为读者提供的价值的多寡。提供的价值越丰富，维度越多元，文章对读者的影响力就会越深远，就越能直抵人心。

写作的三级影响力和三种价值

写作的底层逻辑是：任何文章都要提供价值。文章提供的价值不同，影响力就不同。**文章的影响力由低到高分为三个层级：事实层、观点层、渲染层。**

1. 事实层：能把模糊的想法，变成精准、清晰、有逻辑的表达。为读者提供精准的信息价值，是文章 60 分的标准，也是影响力的第一层级。

2. 观点层：能摆脱人云亦云，有自己的想法，能提出独特的观点。为读者提供深度思考价值，是文章 80 分的标准，也是影响力的第二层级。

3.渲染层：能通过故事化叙事和语言渲染，让表达更生动有趣、引发共鸣、直抵人心。为读者提供情感价值，是文章100分的标准，也是影响力的最高层级第三层级。

这三个层级是互为基础的。事实是观点的基础，没有事实的观点就变成了空谈；故事化叙事和语言渲染也要依托于具体观点，否则故事就没有主题，语言表达也会空洞乏味。**文章必须提供信息价值，最好提供思考价值，应该去追求情感价值。**

理解了这种互为基础的关系，才能走出误区，重新理解写作这件事，抓住每一次写作的重点。比如，关于文笔，很多人会下意识地觉得写作的关键是要文笔好。"写得好等于文笔好"是对写作非常狭隘的理解。叶圣陶先生说："写文章决不是找一些稀奇古怪的话来写在纸上。""稀奇古怪的话"就是我们通常认为的华丽的辞藻、好词好句、名人名言等。这种仅靠辞藻堆砌的好文笔，往往会导致文章徒有其表。

从写作影响力层级的角度来看，文笔和语言修饰是渲染层要解决的问题，而很多人如果在没有达到事实层和观点层的要求之前，只追求语言渲染，就会让华丽的文笔变成空中楼阁。实际上，写作中有很多元素比文笔重要得多。一封邮件中的逻辑和重点、一份自我介绍中的个人亮点标签、一条请假短信中的对象感，这些都是比推敲文笔更重要的事，也更基础、更迫切。

此外，这三个层级的价值对应的影响力是递增的。精准提供信息价值只是对一篇文章的基本要求，是及格线。仅有信息价值的文章的影响力也最弱。提供思考价值是对一篇文章的中阶要求，是优秀线。通常能提出独特观点的文章，要么可以改变读者的固有认知；要么能丰富读者判断事物的一个维度；要么能带领读者看到事物表象背后的本质。摆脱浅层思考很难，只有少数人能做到，所以能提供深度思考价值的文章和作者，才会有更大的影响力。提供情感价值是满分线的要求。能够引起共鸣的文章，首先肯定提供了精准的信息价值和高维的思考价值，同时又能引起情感共鸣。虽然直抵人心的文章最难写，但影响力也最深远。

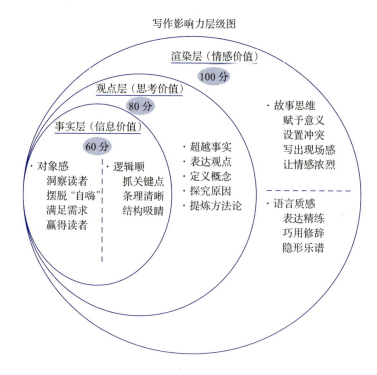

写作影响力层级图

有些文章只需要完成事实层的表达即可，比如会议通知、邀请函、10本育儿书的推荐语、3家有腔调的胡同咖啡店盘点、4个职场沟通心法等。信息价值是这类文章的核心价值。有些文章则必须进入观点层，比如个人故事、观影/读书感受、社会事件评论、广告软文等。这类文章的事实本身并无新意，重要的是基于事实表达观点。因此，在写这类文章时，不能停留在对事件的叙述和抒发个人感受上，必须进行深度思考，由表及里，提出自己的观点。

写作时，要有层级意识，分清脑子里的想法哪些是事实，哪些是感受和观点。同时要具体情况具体分析，弄清楚在不同的写作场合，文章有没有为读者提供价值？提供的核心价值是什么？在影响力的哪个层级？是否只提供了信息价值，没有提供思考价值？是否跳过了事实，直接在讲感受和观点，变成了脱离实际的浮夸空谈？在某个场合下，你想引起的是读者的什么情感共鸣？

反过来，对写作的价值层级敏感，也能帮我们梳理想法。比如你看完电影《少年的你》后大受触动，哭成了泪人，此时你的想法可能很多，但一旦你真正开始下笔写，很可能无从下手。或者因为你的情绪非常到位，就直接从情绪的抒发开始写，你的文章有可能变成空洞的感慨，写不了几句就写完了。

如果有写作的层级意识，就会意识到，自己的这些触动大多只是个体的感受和情绪，要去分析为什么会产生这样的情绪，是哪个场景、哪个镜头触动自己，进而让你联想到了哪些事件。做了这样的反向梳理后，写作时就可以踏踏实实回到事实层，娓娓道来。不管写作的触发点是什么，都先回到事实层，在信息价值的基础上提炼观点，最后进行语言渲染，提高感染力。按这样的流程来写作，既不会陷入混乱，也不会遗漏要点。更有可能让表达清晰、完整且有温度。

写作水平的提升，本质上就是不断突破影响力层级的过程。 初学者可以先追求事实层，练习如何建立表达的对象感和逻辑能力，精准传递信息。达到基础水平后，再不断提高思考能力，以及讲故事和语言润色的能力。提供的价值维度越丰富，文章的质量越高。比如"4个职场沟通心法"这类干货文，能有逻辑地传递信息价值，文章就算及格了。如果方法足够特别，可以达到80分。但如果想要写得更好、更有影响力，就要在方法之上提炼核心观点。比如总结出4个职场沟通心法是：主动汇报、换位思考、守时守约、表达精练。是否可以进一步提炼出职场沟通的核心是富有同理心？如果能这样再往上走一层，文章的质感就能有所提升，也就完成了从事实层到观点层的跨越。如果还能加入故事或实例，注重语言的考究，文章就从一篇干巴巴的知识分享类文章，变成了一篇兼具三种价值的高质量文章。

信息价值是写作60分的要求，但实际上任何一种文章，都有人能想办法写到80分甚至100分。即使是只有30字的请假条、100字的自我介绍，也总有人能突破事实层，写出说服力和情感共鸣。

当你思路理不清时，看看现在的思路在哪一层，把想法逐一归层。当你想写得更好时，看看跨越当下层还需要做什么。**我们常常会用"言之有物"来形容一篇好文章，这里的"物"，通常会被认为是内容更翔实。但我认为，这里的"物"就是价值。更有价值的文章，更言之有物——言之凿凿，直抵人心。**

好文章来自一连串的好问题

你不知道自己要写什么，除非你开始向自己提问

写作往往是从一个闪念开始的。从混乱到清晰，从平庸到深刻，

写作者如何才能完成一步步的深度思考，写出更有价值的文章呢？

朋友今年30岁，这一年她瘦了15千克，裸辞离开体制内的工作，从零开始创业，还主动结束了一段长达4年的恋情。高密度变化的这一年，她觉得自己成长了很多，于是想写篇文章纪念这波折的30岁。但她思路很乱，太多事情和感慨混在一起，多而杂，很难收敛起来。

写作一篇文章应该从哪里开始？一个好的标题、一个吸引人的开头、一个爆款框架，还是一个跌宕起伏的故事？与其向外求方法，不如向内找答案。

我认为一篇真正言之有物、观点明确的文章，应该是从一连串的自我提问开始的。《学会提问》这本书中提到，提问是一个人独立思考的起点，也是训练批判性思维的重要方式，拥有批判性思维才能应对嘈杂、混乱的世界。

写作时，不断地向自己提问可以帮你梳理繁杂的素材、混乱的想法，让你拥有一个清晰的脑中小世界。未经梳理的素材无法形成系统，表面和浅层的思考容易让文章流于平庸。梳理想法、深入思考是一趟孤独的暗夜之旅，但每提一个问题，就会照亮一寸前方的路。

朋友这篇30岁纪念文，常规写法要么是按时间线索从1月写到12月，要么统计所有事件并一一进行叙述，或者随便选一个点开始写，边写边改，在"如何写好开头"这里就卡住。如果觉得以上写法都太普通、缺乏吸引力，不妨换个思路，来到写作的第一步：梳理想法，让我们试着从自我追问开始。

- 这一年发生了这么多事，哪几件事是令我印象最深刻的？

- 如果用两个关键词来形容这一年，会是哪两个词？
- 为什么我觉得这一年很值得写，很难忘？
- 有哪些场景，现在还在我脑子里挥之不去？
- 今年经历这么多事，我最大的感受是什么？
- 这一年，我对成长有了什么新的认知吗？我想表达的主要观点和主张是什么？

上述这些问题，有的勾起了故事性回忆，有的回放了具体场景，有的开启了对感受的梳理，有的引导我们提炼观点。通过这样的自我追问，我们得以不断地重现发生过的事件，激发内心真实的感受，并让混乱的想法开始聚焦、收敛并逐渐明晰。

这种借由一连串自我追问来梳理想法、搭建文章框架的写作方法，我称之为自我追问式写作。 追问的过程本身就是思考的过程，问题的答案就是文章内容的来源。本书将分享在写作的三个不同层级，分别如何通过自我追问来思考，如何一步步通过自我追问写好一篇思路清晰、言之有物的文章。

一篇文章的思路梳理应该从追问开始，写作过程中的内容取舍、观点提炼、思考深度、情绪表达、故事设计等，都可以通过一系列的自我追问来完成。

回到上面的案例，朋友对照我提的问题，按图索骥，一点点开始梳理自己这一年。朋友说，看到我提给她的那些问题时，她才开始真正思考自己在这一年中的得与失。之前只是单纯想记录，感受很多，但是没办法提炼出主要的感受。也正是在追问感受、观点、关键词的过程中，她才第一次重新思考了这一年。

经过一连串的自我追问和深度思考后,她给我发来了这样一段话。

> 写文章之前,我以为自己这一年全都是混乱和艰难。但真正开始好好梳理、自我追问以后,我发现这一年最大的感受竟然不是难,而是掌控感。30 岁,我终于用离开的方式拥有了对人生的掌控感。下决心离开不对的行业、不对的人,甚至减掉跟了我十几年的肥肉。让人生全部清零,我才一点点重建起了新的人生。30 岁的年龄恐慌反而没那么强烈了。虽然具体的生活本身还是累的,但是创业艰难、咬牙锻炼、走出恋情伤痛,以及应付周遭所有的不理解、不支持,都要一天天熬过来。现在回望,完全掌控人生的笃定感,竟然远远抵消了那些混乱和艰难。这种对生活全新的认知,才是 30 岁送给我的礼物吧。

确定了"掌控感"这个关键词之后,这一年的那些事仿佛有了一根灵魂主线,全部都被串联起来了。那些紧绷时的焦躁,那些放手后的释然,那些在生活细节里打转的艰难,那些一点点重建的希望的光,一下子都有了落脚点。这样一来,这篇完整的纪念文很容易就同时具备事实层和观点层的价值。

虽然文章是思考的结果,但是写作并不是对想法的一一铺陈,而是零散想法之上的总结和提炼。通过自我追问,我们得以更深入地认识那些表象背后的真相,慢慢地把一堆混乱的想法梳理清楚,从而提炼出一个清晰的观点。一层层的自我追问,就像把一头乱发梳顺的过程,凌乱的想法有机会变成利落、精致的文章。

你不知道自己要写什么,除非你开始向自己提问。

在写作之前，如何提出有效的问题

提问很容易，但只有真正有效的问题才能帮我们开启深入思考，把文章写得更有深度。如何在写作之前提出有效的问题？需要先弄懂两个概念：封闭式问题、开放式问题。比如，一位前辈做了一门很棒的写作课程，你有机会采访他，向他学习。你可能会问哪些问题？

- 您是什么时候开设的这门课？
- 这门课程一共分成几个部分？
- 学员都是些什么人？
- 这是不是您做的第一门课？
- 您自己通常是在早上写作，还是在晚上写作？
- 您认为初学者应该先从模仿开始吗？

上述这些是好问题吗？换一些问题来问会怎样？

- 您是怎么想到要开这门课程的？
- 为了这门课，您做了哪些准备工作？
- 为什么所有的成年人都要学习写作呢？学写作对他们有什么实际的好处？
- 这门课的口碑非常好，您觉得原因是什么？您认为是哪些关键细节让课程这么受欢迎？
- 在开发这门课的过程中，有什么令您很难忘的事吗？
- 在学员的练习过程中，您印象最深刻的是什么？

两组问题，哪一组问题能获得更丰富的信息呢？在回答第一组问题时，往往用几个词就可以，因为答案是固定的，非此即彼。这些都是封闭式问题，不能展开更多细节。在回答第二组问题时，往往需要一段话，需要让对方展开回忆或者探究原因。因为这些都是开放式问题，有空间让对方提供更多的细节和思考。

封闭式问题，一般都是：是不是？做不做？谁？哪里？什么时间？哪一个？它们就像上学时的填空题和判断题。开放式问题，一般都是：怎么样？为什么？以什么方式？具体情况是怎样的？它们很像主观问答题。

不管是向对方提问，还是自我追问，都要善于提出开放式问题。具体到写作中，提出好的开放式问题有两个基本要求：具体；直指本质。

问题最好能具体一点，以引出更丰富的事实和信息；问题最好能指向对本质和原因的探究——"为什么""真的吗""这件事的本质是什么"，让浮于表面的思考有可能再深一层。比如关于年龄这个议题，有篇文章想表达"30岁是女人最好的年纪"，那么究竟如何提出更本质的问题，才能让观点更深刻？

- 为什么觉得30岁是最好的年纪？好在哪儿？
- 它和20岁比起来有什么不同吗？
- 30岁真的是最好的年龄吗？30岁所遇到的复杂问题，不是更棘手吗？
- 是否存在最好的年龄？为什么？
- 一个人真正看淡年龄、无惧衰老的根本原因是什么？
- 有了成熟的价值观，就真的不会被世俗左右了吗？

像这样一连串对原因、本质、核心概念的追问，会让这个议题的探讨更深入、更有层次、更与众不同。当然，每个人的阅历和思考深度不同，对上面这些问题的答案也会不同。不同的答案，带来不同的观点。

好文章来自一连串的好问题，具体且直指本质的问题，能帮我们梳理想法、提炼观点。只有不断追问，提出好问题，文章才能摆脱平庸、寡淡，变得细腻、深刻，引人深思。

在不同的影响力层级，具体如何提问

不同深度和广度的问题，会带来不同质量的答案。好的问题能更精准地挖掘写作者内心的想法，为读者提供价值，并且不断地跨越影响力圈层，让文章的价值逐级提升。

全书将分三部分来讲如何更有效地在文章中提供3种价值，以及在文章的每一个影响力层级，具体需要做到哪些方面，如何做到，方法是什么。具体来讲，每一种价值会对应不同的问题包。这些问题会引领你不断完成每个阶段的任务，同时，你也可以用这些问题来检验自己文章的价值。

本节，我先用一个案例初步演示一下，如何通过不断地提问，让文章由60分的事实层，跨越到80分的观点层，进而到达100分的渲染层。好让大家建立初步认知。

事实层的提问包：5个问题，问出精准的信息价值

一篇文章需要达到的最基础的要求是为读者提供信息价值。

更精准的信息价值来自更精准的读者洞察,以及更有逻辑的表达。本书第一部分也会分为两个模块来讲,分别是"对象感"和"逻辑顺"。

针对"对象感",我将分享如何成为有对象感的写作者,如何在写作中摆脱"自嗨",建立对话姿态,以及如何深度理解和洞察读者需求。明确读者是谁,是筛选信息的首要前提,对读者的理解越精准,传递的信息越能顺畅抵达。成为有对象感的写作者,既要懂读者需求,又要懂用户需求。提及用户需求,是因为现在很多课程和产品都需要依靠好的文案来做推广,而文案写作也是一种写作,而且文案的读者即是各类产品的用户。

针对"有逻辑",我将分享如何摆脱啰唆冗长、做减法、抓关键点、写得更少且更好;让写作逻辑顺畅的 4 个要素;以及 4 个万能逻辑结构模板。有逻辑地表达信息,才能建立更顺畅的信息通道。

在事实层,为了梳理清楚脑子里的想法,让信息从混乱到有序,写出具有更高价值的文章,需要追问以下 5 个核心问题:

- 我的文章是写给谁看的?
- 我的文章为读者提供的价值是什么?
- 读者在这个话题上有哪些需求/困惑/旧认知?
- 有哪些关键信息/事实能帮助我更好地为读者提供价值?
- 我以怎样的逻辑结构来梳理信息才能让读者更有兴趣看?

朋友 Yuki 是个重度摄影发烧友,因为拍的照片非常好,她被邀请去某个社群做摄影知识分享。对于分享稿,她完全没思路,摄影是个囊括了太多复杂技巧的技能，一个 30 分钟的分享应该讲些什么呢？以下是她初步梳理的分享提纲。

  分享主题：摄影知识分享。

  大纲：①开场白自我介绍；②摄影基本认知（构图、光影、风格）；③摄影场景应用（美食、风景旅拍、记录日常、人像、静物）；④修图 App 推荐（美图秀秀、vsco、黄油相机）；⑤修图技巧分享；⑥摄影的感触（记录、导演、抓拍）；⑦如何培养摄影思维；⑧如何营造照片的氛围感。

  "天哪，越写越多，感觉我快把摄影教材搬来了。好像哪个都不能缺，思路太乱，话都不会说了，这么讲会很枯燥吧？大家估计都听困了。"Yuki 显然对自己的分享提纲也不满意。

  这份大纲看起来应该会给读者提供丰富的信息价值，因为知识点非常密集。但这种"把心里想的都写出来"的素材罗列式写法，会让文章读来十分凌乱，没有重点、没有逻辑，也谈不上有吸引力。

  提供信息价值时应考虑两个维度：读者和信息。要提供精准信息，需要先切换读者视角，才能让表达有对象感。如果仅仅抱着"我要写什么"的想法，就会把重点放在"我脑子里有什么"上，于是就会出现 Yuki 那种把脑子里一整本摄影教材、七八年的经验和盘托出的情况。文章陷入了混乱的"自嗨"。

  如果在写作之前就切换读者视角，把"写给谁看"放在首位，那么最终的效果就会完全不同。这里的写给谁看，不是轻易得来的答案，而是源自对读者的细腻洞察，以及写作中对象感的建立。如果写作者不了解读者，谈信息价值就等于空谈。

因为需要根据读者的诉求来筛选、编排信息，所以我用事实层的提问包，挨个问了 Yuki 一遍：

- 我的文章是写给谁看的？

    这次分享稿是写给什么人看，讲给什么人听？

    社群里的 100 多个人。

    这个群里的人有什么共同的特点？

    那是一个个人品牌群，都是想打造个人品牌或者已经开始微创业的人。大家的摄影水平可能参差不齐。

- 我的文章为读者提供的价值是什么？

    我能为大家提供的就是摄影技巧，应该属于知识点获取，主要是干货价值。

- 读者在这个话题上有哪些需求 / 困惑 / 旧认知？

    想打造个人品牌的人，在拍照这件事上会有什么需求？

    可能需要拍摄自己的产品，或者记录日常生活并将照片分享至朋友圈或其他平台。

    这些人主要会拍什么类型的照片，有哪些常见的拍照场景？

    我看了几个已经在做个人品牌的人的照片，他们在其他平台和朋友圈分享的照片里日常场景居多——大都与旅游、学习、工作、美食等相关。

    在拍日常场景时，大家可能有哪些难点和困惑？

    我不太清楚，可能每个人都不太一样吧。大家现在都能用手机拍照，但有些人可能拍得不好看，没有质感，有时候会拍得比较凌乱，所以看起来比较粗糙。这么看来，我可以从一个较小的角度切入，只聚焦于如何拍好日常照片，如何把琐碎日常生活拍得更有质感。这样的干货内容，是大家生活中的真实需求，听众应该很感兴趣，而且听完马上就可以实践。

- 有哪些关键信息/事实是帮助我更好地为读者提供价值的？

如果是把日常拍得有质感、不粗糙，哪些摄影技巧和方法会更适用？

做减法，众多的摄影方法里，我觉得"构图""景深""滤镜"应该是3个拍好日常生活的关键技巧，像摄影风格、修图技巧、光影运用、摄影思维等就暂时不需要了，不是重点，可以全部砍掉。

- 我以怎样的逻辑结构来梳理信息才能让读者更有兴趣看？

直接按照这3个知识点来讲，会不会枯燥，有什么方法可以让整个讲述更有吸引力？

如果考虑和听众的关系，整体逻辑可以按照场景分为：去咖啡馆办公，逛图书馆，吃美食，看展，旅行这几个场景，每个场景讲解一张经典照片。找一些粗糙&精致的对比图，把3个关键技巧融入每个场景，让大家更方便理解，而且最好听完马上就能直接应用。

详细追问这5个问题以后，朋友从一堆混乱且毫无吸引力的信息中，筛选出了对读者最有价值的精准信息，并且梳理出了更有吸引力的讲述逻辑。提供信息价值虽然是文章60分的及格线，但也并不那么容易达到。上述的 5 个问题，你也可以用在任何类型的文章中，来帮助你快速梳理信息。

　　站在读者的角度观察读者的特点，关注他们的困惑和可能碰到的难点，回到具体的生活场景里，还原他们的真实诉求。这样就能快速从"讲师思维"逃离出来，进入帮读者解决问题的视角，此时你的思路会更清晰，你所提供的信息也能更精准、有效。

　　事实层的问题包，不仅适用于写这类干货型的文章，对于故事类的文章也是适用的。不同之处在于，故事类文章的目标读者是写作者自己根据自己的初衷选定的，所提供的价值可能未必是干货、方法，而是某种情感共鸣 / 价值观认同，所筛选的事实也是筛选自己故事中更关键的事件，能最大程度避免"自嗨"；文章的逻辑就是故事的逻辑线。

　　有了这个问题包，不管是写什么类型的文章，写作者都能写出有逻辑、有重点、有吸引力的文章，为读者提供精准、有效的信息。

观点层的提问包：3 个问题，问出高维思考价值

　　观点是一篇文章的魂，没有魂就没有焦点，哪怕读者洞察再透彻，内容也有可能是一盘散沙。只有摆脱平庸、浅层的思考，拥有透过现象看本质的能力，写作者才能在事实层的基础之上提出独立的观点，让文章更有思考价值。

　　想要从事实层跨越到观点层，从普通的观点到独特的观点，可以问自己以下这 3 个核心问题。

- 问概念：是什么？我怎么定义这个概念？
- 问原因：为什么是这样？

- 问行动：怎么做？行动方案是什么？

回到前面摄影师的例子，当 Yuki 终于把内容聚焦在日常拍摄的技巧时，她的分享题目变成了"如何把琐碎日常拍得更有质感"，分不同场景讲 3 个关键技巧。理论上，这篇分享稿已经提供了精准且具体的信息，是 60 分的状态了。

但是想让文章更好一些，需要超越圈层，从事实层进入观点层。想办法提炼出自己的观点，能让文章更有思考价值。

用观点层的问题包再次进行自我追问。

- 问概念：是什么？我怎么定义这个概念？

你怎么定义一张好照片？怎么样才算好？你有哪些自己的理解？

拍得好有很多标准，好的照片在构图、光影方面都会很优秀，是一种综合体现。很难用一个词说明白。

如果从最终呈现效果来看呢？在你的审美里，好照片的关键特质是什么？

可以去对比一下你的照片和普通人拍的照片。如果非要选一个，我觉得日常照片和影棚照片的主要区别是，前者更有氛围感。因为日常生活本身都是场景化的，场景就是氛围感。

- 问原因：为什么是这样？

为什么把日常照片拍好的关键是营造氛围感？有和没有氛围感的照片差别到底在哪里？你觉得氛围感的本质是什么？

天哪，"灵魂拷问"，我得想想。如果要探讨这么深，我觉得有氛围感的照片是有故事的，照片本身就在讲故事。而日常生活中的每一天本身就是由一个个故事构成的。不得不说，我升华了。

- 问行动：怎么做？行动方案是什么？

  讲了那么多方法，你觉得要拍出照片的故事感，核心是什么？怎么运用好"构图""景深""滤镜"这 3 个关键技巧？

  再总结一下，我觉得核心的方法是要有创造，在拍照的过程中创造故事，使用构图、景深、滤镜对现实进行二次创造。所以，核心应该是在现实中生活，在拍照的过程中创造故事。

从"如何拍出一张好照片"到"用照片讲故事，把日常照拍出氛围感"，进而升华到"摄影是对生活的二次创造"，文章不再是单纯的干货分享，而是有了独特的观点和灵魂。文章的价值也从 60 分提升到了 80 分（能提供思考价值）。

问概念、问原因、问行动。这三重追问，本质上是三类问题，会引领我们到达观点的不同深度。具体的追问方法，本书第二部分会结合案例再详细介绍。

很多人觉得只有议论文才需要发表观点，其实观点、主张是写文章的原点，如果不是为了表达我们的态度、立场、主张、看法，甚至都不必写作。所以，不管是实用类的文章，还是观点类或者故事类的文章，核心目的都是传递观点。这一系列追问，本质上是在帮我们透过现象直指本质，走进思考深处。

渲染层的提问包：7 个问题，问出有共鸣的情感价值

渲染层是基于事实层和观点层存在的，是为了让观点的表达更生动、更有吸引力。借助故事化叙事和有质感的语言，表达会

更饱满、更有情感共鸣和感染力。

这一层我也将分两个模块来分享，分别是"故事思维"和"语言质感"。

针对"故事思维"，我将分享如何把平淡叙事变成有吸引力的故事化叙事，如何写出令人身临其境的场景，如何让饱满情绪自然流淌出来，以及如何在职场、自媒体平台、轻创业过程中讲好自己的个人故事。

针对"语言质感"，我将分享如何写出既精练又生动的好文字。为什么语言练习需要 4 把剪刀和 2 把刷子？让文字具有中文美感的隐性乐谱又是什么？

想要写好故事、打磨好语言，可以用下面这些问题来进行自测。

- 哪些关键事件能更有效地论证观点，为观点服务？
- 这个故事中最有冲突/矛盾的关键情节是什么？
- 我写的哪个场景让读者更有代入感？
- 读者可能会因为哪种情绪而产生共鸣？
- 语言还能再精练一些吗？能不能再删掉 1/3 的字数？
- 至少使用了一种修辞手法吗？
- 文字的排版，看起来舒服吗？是否错落有致、有美感？

讲故事不仅仅是在文章中写一两个具体的故事，它本质上是一种叙事方式的变化。从线性叙事到故事化叙事，这种叙事方式可以用在文章的所有段落中，未必一定是在讲某个故事时。

还是回到前面提到的摄影师 Yuki 的例子，像这种干货类的文章是不太需要讲完整的故事的,但依然需要故事化的表达。故事化的表达本质上就是打破平铺直叙,直接选择某个最关键、最吸引人、最有冲突性的截面。

在撰写正式分享稿时,Yuki 的开篇是自我介绍加上日常摄影的普及和需求。她的开篇是这样写的:

> 大家好!我是 Yuki,一名摄影狂热爱好者、活动摄影师。喜欢用相机收集生活里的一切美好。今天的分享主题是"琐碎日常,如何拍出氛围感十足的照片"。
>
> 如今摄影变得更加普遍、便捷,大家也都很喜欢在社交平台上分享日常。一张张赏心悦目的照片,可以更好地传递我们生活的质感,树立自己的个人形象。
>
> 其实摄影是一个少见的几乎任何人都可以入门的创造性的过程。它的简单足以吸引你投入一生的热情。而提高摄影水平最大的障碍,也是拍摄照片太容易了。把手机或者相机举到眼前,按下快门就有照片,但这离得到一张好的照片还有很远的距离。
>
> 在日常生活中,如果不确定主题、不突出拍摄主体,没有营造出来理想的氛围感,那出来的照片不仅不利于我们树立个人品牌形象,反而会制造出生活粗糙、凌乱不堪的效果。
>
> 那如何摆脱日常照片的平庸粗糙,让照片有氛围感呢?接下来,我会详细分享。

这是一个平淡、枯燥的开篇,因为"摄影门槛低""拍好不容易""摄影可以树立个人形象"等都是常识性认知,既没有提供特别的信息价值,讲述风格又太平淡,听众很容易在注意力最集中的开场几分钟内失去兴趣。

如果换成故事化的叙事,让整个讲述充满变化、冲突和对比,就能让观众一直被吸引。调整后的讲述逻辑变成:自我介绍 + 我拍过的氛围感日常照展示 + 为什么做个人品牌必须拍好日常照片 + 有氛围感的照片 vs. 没有氛围感的照片对比 + 我认为氛围感的关键是什么。

按这个逻辑线修改后的开篇如下:

> 大家好!我是 Yuki,一名摄影狂热爱好者,喜欢用相机收集日常生活里的一切美好。
>
> 非常开心来到个人品牌群和大家分享如何拍出一张好照片。分享之前,先发一些我平时拍的照片、美图供大家欣赏,希望你们喜欢。
>
> 拍照对做个人品牌有多大作用呢?其实我这次的分享契机就来自拍照。我经常会把在日常生活中拍下的照片发到朋友圈里,虽然我不是专职摄影师,但也因此接到过很多拍摄邀约。今天的分享也是因为群主经常光顾我的朋友圈。照片是一个人审美的无声表达,好的照片能在无形中提升一个人的个人品牌形象。我理解的个人品牌是一个综合的人设打造,业务技能之外的多维度展示,也影响着个人品牌的运营效果。
>
> 日常生活是最常见的拍摄场景,但很容易拍得琐碎、普通。接下来,给大家看几组对比图,同一张照片,因为使用了不同的拍摄方法,出来的照片质量高下立见。

我们一眼就能看出它们在质感上的区别。氛围感是能否拍好日常照片的关键。有氛围感的照片会自然洋溢出一种高级感。
　　那如何摆脱日常照片的平庸、粗糙，制造理想的氛围感呢？接下来，我会分场景介绍 3 个关键技巧。

修改后的版本，写作者通过展示在多个具体场景下拍的照片，让读者产生代入感，并通过对比图让读者看出差别。最后提出"氛围感"这个关键词，让分析有了落脚点。这样不断吸引读者注意力的叙述，就是故事化的讲述方式。

文章的内容固然重要，但用什么样的方式来叙述，用什么样的语言来修饰和渲染，在很大程度上决定了一篇文章所能提供的价值的高低。

更多讲故事的方法和语言技巧，本书第三部分将结合更多类型的例子详细介绍。在写作的不同层级，都有很多具体方法，它们决定了文章的质量。三个问题包（一共 15 个自我追问）能带领我们不断地深入思考，在每一层都扎扎实实地写，写出文章的质感。

写作是一个不断进阶的过程。本书的后续章节将按照信息价值、思考价值、情感价值这三个层级，分成三个模块详细来讲。在不同的层级，针对不同类型的文章，如何通过不断地追问和挖掘，写得更好，我会在后面的章节中详细介绍。如果你看到这里，暂时对这些方法还不清晰，也不用疑惑。如果你对哪些方面更感兴趣，可以直接跳到对应章节去看。

不经追问，写作很有可能成为一次无疾而终的漫谈。有了问

题的引领，写作者才能充分挖掘自己的想法，写作也才能不断地创造价值。

不慌不忙从 0 到 1 写好一篇文章

你的写作流程一般是怎样的呢？

有一个想法，提笔就写，从开头第一句话开始想，然后边写边想？这种写作流程对应的是随遇而安型的写作者；有一个想法，从网上找一个模板，或者找一些范文，看看别人都是怎么写的，借鉴一下，然后开始模仿？这种写作流程对应的是迷信模板型的写作者。这两种写作流程都有很大的随机性，如果写作者有幸遇到了自己比较有感觉的题目，可能会文思泉涌，一气呵成；如果遇到稍微有点难度的题目，可能会一直卡顿，甚至中途放弃。

真正专业而稳定的写作者，一定是谋篇布局型的。只有不慌不忙，才能进行深度思考，写出言之有物的好文章。如何从一个闪念，到一篇完整的好文章？接下来，我将分享一个适用于各种文体和应用场景的通用写作流程。这个流程包含 5 个步骤：放飞思绪，收敛主题，搭建框架，写完初稿，推敲修改。这 5 个步骤顺序不能颠倒。

放飞思绪

写作往往是由某个点触发的，可能是一个热点事件，可能是某个突然生发的感慨，或者是某个特殊的时间节点。很多人以为，这时候就要开始写，毕竟灵感来了。

但是实际上，往往这时候我们脑子里的想法还太单薄，甚至连自己到底想写什么都不清楚。为了让想法更丰富、思路更清晰，第一步要基于某个灵感，放飞思绪。一边任凭思绪奔涌，一边记下这些想法的关键词。这时候，可以是无目的、无逻辑地放飞思绪，以打开思路，让更多的想法和素材进来。

让思绪充分放飞、酝酿，是让真实想法充分显露的过程。如果缺失这一步，文章就会越写越窄，越写越没有素材，或者一边写一边有新思路蹦出来，导致频繁推翻重改。

此时，可以通过追问下面这 3 个问题，来充分还原事件和感受。

- **问初衷，还原写作冲动。** 为什么很想写这个话题？这件事对你来说有什么特别之处？为什么写作冲动很强烈？
- **问事件，搜集故事素材。** 有哪些事是想写和值得写的？有哪些和这个话题相关的具体事件？把那些想写和值得写的，都先概括并罗列下来。暂时不用考虑最后要留下哪些素材，先搜集。
- **问感受，如实表达自己的真实感受。** 你对每件事的感受是什么？结合写作主题，思考每件事和主题的关系。

学员 Amber 是一位新手妈妈，也是一位全职妈妈，当妈一年多的时间里，发生了很多难忘的事，她自己也成长了不少。她很想写一篇文章来记录这一年。但是过去一年发生的事太多了，她的想法也很杂，就像一堆散落的珠子，没办法串起来。

下笔写文章之前，她先允许自己进行第一步：放飞思绪。追问完上述 3 个问题,她开始尽可能多地把零碎的想法都写下来。把大脑清空,把纸写满。

放飞思绪,然后记录下这样一些散点,可以是具体事件,也可以是一些想法或感慨。

1. 去年 5 月,我晋升为一名宝妈,在没有老人、没有月嫂、没有保姆的情况下,我和老公把一个"睡眠困难户"宝宝拉扯大。我想记录过去一年的心路历程,给自己留一个纪念。

2. 当妈是我做过的最艰难的工作,没有之一。艰难在于我的"客户"是一个完全不受控制的人,以及我一直在经受一系列身体不适:乳头痛、涨奶痛、产后抑郁、睡眠严重不足。除此之外,还要忍受孩子生病时的手忙脚乱,哄睡不成的挫败感,没有自由的窒息感,等等。

3. 孩子打破了原来的秩序,我需要重建一个新秩序。自己被迫从深睡眠切换到浅睡眠,从自由自在到随时响应孩子的需求,这些会倒逼我快速学习,快速调整自己的情绪。

4. 关于孩子的一切(吃喝拉撒玩),我需要从头学起,还要能分辨信息真伪。很难,但快速学习能让我发现自己的潜能。

5. 身边的朋友都是职场妈妈,小区只有我一个全职妈妈遛娃,我这样做的价值在哪里?

6. 既然选择意味着取舍,那么我有所得,也会有所舍。

7. 当妈很有成就感,宝宝非常可爱、软萌,宛若小天使。

8. 我也崩溃过,完全没有时间让我觉得窒息,但我后来允许自己不做 100 分妈妈,爱孩子之前先爱自己。带娃越来越顺了。

在提笔写作之前，写作者脑子里的闪念其实有很多。如果没有思绪放飞和盘点这一步，写作者很可能会随意选一个点去写，但那个点未必是自己真正想写且有话可说的。

经过充分的思绪放飞，我们会写下很多关键词。这些关键词通常对应两类内容：事实和感受。想起一些值得写的事，衍生出一些感慨、想法、情绪或者结论。如果不是情感故事文，而是以传递信息价值为主的干货类的文章，那么很可能奔涌而出的是零散的方法和信息。不管是什么，都先写下来。

这个看起来让思路更混乱的方法，其实是写作中非常重要的一步。只有把能想到的都先写出来，才能在对比分析中发现，哪些是我们真正想写的，哪些只是一个模糊的闪念。穷举不仅能防止以偏概全，也能尽可能保证最后选择的准确性。

收敛主题

先放再收。充分放飞思绪之后，我们可能得到了一张写满了各种灵感点的A4纸，接下来要做的就是收敛思路，确定最终要写的主要内容，提炼文章的核心观点。

在收敛主题这一步，可以追问自己下面这两个问题。

- 问读者：这篇文章我是写给什么样的读者看的？
- 问价值：我能为这些读者提供什么价值？

Amber继续思考，这篇文章她想写给新手妈妈或者准妈妈，希望通过自己的故事给大家一些借鉴和参考。她不希望把这篇文章写成纯粹的生活记录，或是一篇堆满牢骚的文章。那么，自己的这些经验教训里，哪些是最值得分享出来、最有价值的呢？它们能给读者提供什么借鉴和启发？

先确定目标读者和价值点，再提炼文章的核心观点，能最大程度地避免"自嗨"、锁定内容焦点。

从奔涌而出的众多思绪中提炼观点，需要重点关注"感受词库"。找到所有代表感受和判断的词，先对这些词进行分类，然后合并同类项。很多感受词本质上是在说同一件事，只是表达方式不同。比如 Amber 提及的"艰难""窒息感""挫败感"虽然是三种感受，但其实是同一类，都属于养娃很"艰难"这个层面，把它们归到同一类即可。把全部的感受词归类后，Amber 最终剩下的感受词大类是：艰难、成就感、快速学习、重建秩序、取舍、爱自己。

观点来自感受，通过对这些感受的追问，可以筛选并最终确认核心观点。

Amber 在众多的感受词里选择了"爱自己"这个点，"成为妈妈，让我学会了好好爱自己"。确定主题之后，就可以在众多思绪里选择和这个主题更相关的事件，进行一轮素材筛选。

有了具体的主题和感受，还不能算是提炼出了观点。为了提炼出独特且有价值的观点，还需要追问 3 个经典的问题：是什么？为什么？怎么办？我是怎样爱自己的？为什么成为妈妈反而要好好爱自己？不爱自己会怎样？怎么做到爱自己？关键的方法是什么？这样追问之后，Amber 开始对主题观点进行更深入的思考。

> 我是一个隐忍的人，善于照顾他人，任劳任怨。如果说出我需要什么，我会感觉到羞愧，似乎自己是一个自私的人。我这次纯粹是因为被带娃的压力压垮了，身体和情

绪都在严重抗议（失眠与暴怒）。它们要求我：一定要正视自己的需求，一定要先照顾好自己！"爱自己"对我来说，就是看见自己的需求，满足自己的需求，并不以此为耻。

妈妈要看见自己的需求、满足自己的需求，只有先爱自己，才能更好地爱孩子。写到这里，Amber 的文章就从一片混乱中梳理出了一个特别清晰、独特的观点。

搭建框架

先确定观点，再根据观点来组织素材，精心编排，搭建逻辑框架。在搭建框架阶段，首先要筛选素材，选择关键事件。在众多的故事中选择最能证明文章的观点、有戏剧性冲突的故事。

有些文章的观点虽然不错，但整体表达不够有力，通常是在关键故事这个环节出了问题。为了使文章逻辑清晰，论证有力，需要配备强有力的论据。

选择故事素材时可以自我追问下面这 4 个问题：

- 哪些关键事件能更有效地论证观点，为观点服务？
- 这个故事中最有冲突/矛盾的关键情节是什么？
- 我写的哪个场景让读者更有代入感？
- 读者可能会因为哪种情绪而产生共鸣？

选择最能论证文章观点的故事，要先做排除法。Amber 这篇文章是围绕"爱自己"这个关键词来写的，所以"我要快速学习育儿知识""孩子生病时的慌乱""全职妈妈的价值取舍"等和主题关系不大的故事，哪怕再难忘，都需要忍痛割爱。在"爱自己"这个主题上，Amber 选择了一个关键事件：长期压力致使彻夜失眠之后，在某晚，她突然情绪崩溃，深夜暴走，莫名大哭，在小区台阶上独坐 1 小时。这是关键转折事件，并且非常有戏剧冲突，也非常有画面感。符合一个好故事的几乎所有要求。

写作者想把自己的成长和变化融入这篇文章，现身说法，讲述自己曾经如何忽略自我，现在如何认识到爱自己的重要性。这是成长和变化的故事线索，对比是很好的论证结构。

- 背景事件：没看到自己的需求时是怎样的，有什么具体的事证明了这种自我忽略。

- 转折事件：哪件事是转折事件，让我开始看到自己的需求。

- 结果事件：我看到自己的需求后都做了什么事，有什么结果。

紧紧围绕主题，按照这样的结构来讲述全职妈妈的成长之路，具体如下：

- 深陷在带娃泥沼中的妈妈，眼里只有孩子的需求，完全看不见自己。因为压力积累到了一定的程度，所以妈妈开始彻夜失眠，但她依然隐忍着。

- 经历了几晚失眠后，妈妈情绪失控，深夜暴走，莫名大哭，深夜在小区台阶上独坐 1 小时。

- 决定改变后，和老公认真谈了一次，开始争取自己每周的自由时间，说出自己的需求。现在每周六都是自己的独立日，每周有时间给自己充电以后，身体也变好了，带娃也更顺了。

这三个故事都是很有冲突性的故事，而且和主题强相关，凸显了变化和成长的过程，很好地论证了主题。核心观点、逻辑结构、关键素材都一一确定之后，写作者要考虑以怎样的顺序和框架来写，先写什么，再写什么，详写什么，略写什么，文章逻辑怎样层层递进。这些都需要从全局的角度，像工程师一样去画图纸，像司机那样去规划路线。

与其期待灵感降临，不如主动驾驭灵感。列大纲就是写作者给自己画的导航图。列大纲本身不是目的，目的是通过详细地编排，再次从宏观角度评判自己的主题观点是否明确，关键故事是否凸显，是否有利于论证主题，整体逻辑结构是否顺畅。真正有用的大纲是非常细致的，通过大纲能预先看到文章成品70%的样子。

详细列大纲时，我一般主要做两件事。

- 确定文章框架和层级：根据主题和故事素材，确定文章的整体框架。把不同层级用小标题标记，再标记出每个层级的分论点和所选用的故事。
- 确定主次及其篇幅：根据详细框架，标注每部分理想的素材比例。比如开头占5%，中间的3个层次各占30%等。把理想的字数篇幅标注出来，再检验每部分的素材量是否相符，不相符则继续修改大纲。

如果发现开头的理想篇幅是300字，但准备的素材太多，那么写作者应在列大纲阶段就完成删减工作；如果准备了3个故事，列大纲时发现其中2个故事的内容有重叠，那就需要替换一个故事，让论证层次更严谨，依此类推。写作者要把谋篇布局的工作在开始写作之前完成好。

把最重要的思考在列大纲时完成，开始写作后才能更专注于故事和语言的渲染，最终呈现效果才会更好。先思考再写，而不是边写边思考。成熟的写作者，未必把大纲真正写在纸上，但一定会以腹稿的形式在心中详细列出来。只有督促自己把写作习惯从提笔就写切换到预先谋篇布局，写作时才能摆脱慌乱，有条不紊、游刃有余。

写完初稿

做完前面的准备工作，就可以轻轻松松地去写初稿。此时，不会再出现写到一半卡住，边写边想，最后离题万里的情况。因为最重要的思考和逻辑梳理工作已经完成了，所以在下笔之前就算是已经完成了一半的工作量。

即使你已经想得很清楚了，写的过程中也难免会有新灵感冒出来，或者出现选定的内容写出来效果一般的情况。写初稿的过程中冒出来的新灵感，往往看起来美妙，但未必真正有价值，因为它没有被放在整体框架中去推敲。就像开车按照导航走一样，当你突然发现岔路口有一小片美景时，停下来短暂地看看可以，不建议贸然放弃导航，转而沿着花径往前开。那条花径可能只有短短的三五百米，之后更长的路是坦途还是险途，以及是否能带领你抵达真正的目的地，都未可知。

如果不是有巨大的想法改变，建议按照大纲先写完一遍，写的过程中随时标注灵感。全部写完再返回，综合考虑修改方式。

如果在写的过程中，确有重大想法改变，也不建议直接改，可以暂停写作。重新返回搭框架列大纲这一步，根据新想法，重新梳理大纲，梳理完再继续写。

在通常情况下，如果你严格按照我分享的流程在列大纲阶段完成了系统的思考，初稿阶段不会出现巨大调整。除非你在列大纲阶段仍然没有想明白。

很多人之所以永远写不出一篇文章，就是因为总有新想法冒出来，而且每次一有新想法，就要停下来。但是新想法也未必走得通，于是一直卡顿。

因此建议先完成一遍不完美的初稿。写初稿时，影响写作速度的还有一个关键卡点：开头怎么写。每篇文章都需要写一个精短且吸引人的开头。开篇的首要价值是吸引读者看下去，其次才是为文章做适当的铺垫。要做到"与读者有关""对读者说话""让读者产生好奇"。

还以 Amber 这篇文章为例，她原本的开篇是这样写的：

> 做全职妈妈一年多了，这一年多的身份转变真的让我感慨万千。当我想写下来的时候，竟然不知道该怎么写。这一年的成长是什么？做全职妈妈是一种怎样的体验？
>
> 给孩子过完一周岁生日之后，我就一直想写这篇文章，但思路太乱。现在终于决定好好梳理，希望我的梳理能对妈妈们有所借鉴和启发。

这是一个非常平淡的铺陈，没有提供太多信息价值，也没有太多吸引读者的点。或许可以换一种叙事方式，直接进入故事，用反差来吸引人。

修改后的版本如下:

> 今天是我当全职妈妈的第 400 天。
>
> 每周六的早上,是我给自己的"特别时光",雷打不动。
>
> ("全职妈妈"和"周六时光",形成了身份反差,一开篇就吸引了读者的注意力。)
>
> 早上起床,我问自己:"你今天想做些什么呢?"然后完全听从内心的声音,去做那些让自己身体舒服,把心打开的事情,比如泡澡、上课、游泳、打拳、身体按摩、尝试最新的甜点……
>
> 看起来,我是个很会享受生活的妈妈,但半年多以前,我完全不是这样的。那时,别说泡澡了,连上厕所我都觉得没时间。新手妈妈第一年那些蓬头垢面、深夜大哭、在小区长椅上独坐个把小时的艰难日子,总算过去了。
>
> (用剧透故事的形式写出画面感和对比,让人产生期待。)
>
> 从至暗时刻爬出来,我仔细回望全职妈妈的不堪和艰难,并把它们分享出来,不是自揭伤疤,而是希望不再有妈妈和我经历一样的事情。与所有妈妈们共勉。
>
> (直接对目标读者说话。)

写初稿时如何写好故事,如何修饰语言,这里不赘述,本书第 4 章和第 5 章会有详细方法和难点拆解。

推敲修改

很多作家在提到写作经验时,都提到过:请允许我先写出一篇全世界最糟糕的初稿。

初稿一般都是非常惨不忍睹的,因为好文章是改出来的。通常我自己写完初稿要修改 3～5 遍,甚至更多遍。这里和大家分享一下我的改稿步骤。

- 第一遍:看主题和层级。先整体看一下,整篇文章的主题观点是否明确,论证的层级是否严谨,选的故事素材是否足够有力。

- 第二遍:看详略,做精减。确认主题观点没问题,开始检查逻辑结构,是否详略得当,重点突出。开头有没有很拖沓,中间有没有啰唆段落。总之,这一遍修改要保证结构清爽,因而可以大刀阔斧地做减法。

- 第三遍:推敲语言句段用词。从头到尾,一字一句,仔仔细细地通读和修改句段用词。把啰唆的句子改精练,把平淡的句子写得有趣。有质感的语言是改出来的,金句也不是完成初稿时就能想出来的。关于语言的修改、推敲,本书第 5 章有详细的方法,这里不再赘述。

- 第四遍:检查闪光点。重新看一下标题、开头、结尾、故事细节这 4 个地方,是不是足够好。通常这 4 处在前面三遍中也会改到,但最后都需要再确认一下。

一篇文章写完之后，写作者可以自我追问："看完这篇文章，读者可能会记住哪个点？"读者肯定无法记住全貌，所以写作者要在故事细节或者叙事方法上多下功夫。总之，要为每篇文章至少创造一个闪光点。

- 第五遍：视觉美化。文章是用来读的，也是用来看的。视觉效果也非常影响读者的阅读体验。视觉美化主要包括让分段、分行更舒服，用小标题、配图、金句加粗等方式创造文章的视觉层次感。本书第5章会详细讲解具体方法。

好文章是改出来的，好作者都是文字匠人。

从一闪念到一篇好文章，我习惯用这5个步骤写所有类型的文章，不仅仅是写故事文。这5个步骤的核心要义是：先放，再收；先想，再写。

无论是写观影感受、对某个人的怀念、对某个事件的看法，还是写一份年终总结、项目汇报、传播方案等，本质上都是相通的。

在放飞思绪这一步，如果是写故事类文章，就要在脑海里搜集具体的事件；如果是写观影感受，需要搜集的既有电影片段，也有自己的故事；如果是写分享摄影技巧这种干货文，需要搜集的就是所有的方法点；如果是写项目汇报，需要搜集的就是你做的事情、做事情的方法、想法的初步提炼等。

在收敛主题这一步，无论是哪种类型的文章，方法都一样，都是想办法透过事实和感受，提炼出一个观点，再围绕观点去编排素材。

在搭建框架这一步，不同的文章类型，讲述的逻辑不一样。故事文、观点文、经验解惑干货文的框架大相径庭。本书第 2 章会分享一些模板。

写初稿和推敲美化这两步更通用，只须根据最后的呈现形式和文章类型，进行适当调整即可。好文章是改出来的，必须多留点时间反复修改。写作是有正确流程的，按照流程来写，写作就变成了一件不慌不忙的事。想的时候全身心去想，写的时候集中精力去写，修改的时候就心无旁骛、仔仔细细修改。每一步都专注去做，而不是在没想清楚时就开始写，没写完故事就开始停下来雕琢语言。这样容易顾此失彼，永远写写停停，永远无法令自己满意。

写作习惯，也是一种重要的写作技巧。

真诚是写作永恒的底色

如果写作的本质是为读者提供价值，那么对于写作者而言，最重要的是要有功利心吗？写作全都是为了迎合读者吗？恰恰相反，我认为，真诚才是写作永恒的底色。**真诚不等于和盘托出、毫无保留，真诚是一种表达的姿态。**

真诚是不自恋。写作时，如果写作者心中只有自己，不会换位思考，就会只讲自己认为对的，不考虑读者真正需要的。最终写出来的文章看似真诚、信息丰富、面面俱到、故事完满，实则很难让读者产生共鸣。

真诚是不造假。改掉到处摘抄金句的习惯,不复制别人的观点,提升思考能力,用真思考提炼出自己独特的观点。不欺瞒、不装腔作势、不拉大旗作虎皮。

用这样的姿态写作,文章才有可能真正写好,达到既表达自己又影响读者的双赢局面。

本书提倡的是自我追问式写作,它本质上就是一种从梳理自己想法开始的写作,不是从社会热点事件开始,不是从一个爆款模板开始,也不是从一个"震惊体"标题开始,更不是从一个煞费苦心的所谓"钩子式"开篇开始。不管是写什么类型的文章,都踏踏实实地回到自己,从梳理自己的故事、方法、感受、价值观、态度、判断、主张开始。

向内挖掘十分艰难,不是每个人都能有东西可挖,但也不能知难而退。如果写作者热衷于学习所谓写作技巧,选择通过组合爆款模板、东拼西凑的素材、从某处摘抄的金句来写文章,那么这样的文章内核是空的。写得多了,写作者的手艺就废了,写作的热情和自信,也会一点点被消磨殆尽。

尽管向内挖很难,但是在不断地写、不断地训练思考能力的过程中,我们看问题的角度、深度是会一点点改变的。写作是对思维方式的重塑,也是训练思考力的工具。因此真诚的写作者会感觉越写越通透。**只有真诚地写作,写作才会成为一种滋养型活动。**

只有写个人故事的文章,才需要真诚,才需要向内深挖吗?不是的。任何文章的底色都应该是真诚,并且越套路化的文章类型,越需要真诚才能打破常规。举个例子,一个连锁医美机构迎来了自己的 16 周年院庆,每个分院的 CEO 都需要在院庆上发言，时长 1 分钟。湖南省株洲分院的文案负责人小 A 最近正在犯愁。她给 CEO 写的发言稿已经被打回来 3 次了。她的发言稿是这样写的：

各位嘉宾，各位达美的同事和家人：

大家好！

今天我们迎来了达美 16 周年院庆，这是值得所有达美人庆贺的日子。作为达美集团株洲分院的 CEO，我对达美的发展抱以非常大的信心和期待。

院庆，对于我们株洲达美是一个机会，一个创造业绩的好机会！过去一年，我们面临着许许多多的挑战，要补足的地方还很多。在院庆期间，我们株洲达美的所有在职人员，都要以身作则，尽心尽力做好宣传工作。以最好的姿态完成我们的业绩任务。

我坚信有各位领导的大力支持，全体员工齐心协力，我们会以蓬勃向上的精神状态，更加务实的工作作风，更加昂扬的斗志，创造出达美的辉煌明天。

这份发言稿看起来说了很多，实际上满是套话、虚话，通篇都透露出"假""大""空"的意味。听众既没有获得信息价值，也没有被独特的观点说服，更谈不上有情感共鸣。这样的发言稿被打回来 3 次太正常了。类似上面这篇发言稿，即使 CEO 以无比饱满的情绪演讲，也肯定是无效表达。因为出发点就不真诚，发言稿中只是放了些看起来厉害的口号化词语，空洞且无效。

回到写作的原点，不管是什么类型的写作场景，哪怕是写像这类看似套路化的发言稿，写作者也需要真诚思考，尽可能提供三类价值：信息价值、思考价值、情感价值。针对这份发言稿，修改后的版本如下：

尊敬的姚总，各位股东，各位领导和同事，

  大家下午好！

  我是达美集团株洲分院的CEO刘荣。

  达美16年了，我们距离百年老店仅剩84年。

  （信息价值：好好说话，老实叙事，说具体的事。）

  数字背后，是每一个达美人，每一天的专业、敬业。甚至是很多老达美人的青春时光。（把在座的每个人当作一个具体的人，对他们说话。这句话会让在座的员工感受到CEO对个体细节的关注，尤其让老员工心生岁月流逝的感慨。在讲话的一开始，就把听众的情绪和注意力都调动起来了。提供了具体的情感价值和感染力。）

  作为达美最年轻的分院（信息价值），我们株洲分院深感责任重大。只有不断出现像我们这样的年轻分院，达美的理念才能薪火相传。

  （作为上台发言的多个分院CEO之一，在谈到业务方面时没有让株洲分院拥有一张"大众脸"，而是真正找了"最年轻"这个特点，提供了信息价值。同时又在提供信息价值的基础上，用寥寥几句谈了年轻分院的责任和在集团中的角色定位。年轻分院起着薪火相传的核心作用——这是真思考，不是简单、公式化的"我们会努力，争创业绩更高"这种毫无价值的话。）

  我和株洲分院所有同事，会继续站在巨人的肩膀上,接续老传统,开拓新办法。拿下一个个好成绩,攻下一个个新堡垒。不断积累新经验,希望也能成为后来人的肩膀。

(这句话虽然乍看起来也有点口号化,但在发言时间受限、没办法详细展开的情况下,它依然提供了观点价值。依然紧紧围绕"株洲分院最年轻"这个核心信息,对年轻分院如何提升业绩提出了自己的观点"接续老传统,开拓新办法",并"希望也能成为后来人的肩膀"。这个发言稿的写作背景是,株洲分院因为刚成立,团队和业绩都非常不稳定,所以在原稿中用了"过去一年,我们面临很多挑战,要补足的地方还有很多"。但这次发言的场合不是工作汇报会,而是院庆这种喜气洋洋的场合,更适合说积极昂扬的话,给领导和员工们都增强信心。那么"接续老传统,开拓新办法"就更能表明努力的决心,"不断积累新经验,望也能成为后来人的肩膀"也是在预祝集团未来开更多的分院。这种信心赋予,既传递了价值观,也提供了情感价值。)

株洲达美,我们肩负挑战,使命必达。一起创造辉煌!

修改后的版本基于"株洲分院最年轻"这个具体信息,提出了写作者的观点,传递了情绪和价值观。"接续老传统""开拓新办法""积累新经验""站在巨人的肩膀上"等相对务实的表述,比"以身作则""尽职尽责""齐心协力""务实昂扬"等空话,要更具体、更言之有物。后者虽然也有口号,但能感受到 CEO 和员工在一起的那种真诚，表达也更能凸显其人格魅力。本质上仍是回到具体的信息里，提出自己的观点，传递具象的情绪。

老老实实叙事，说具体的事；认认真真提炼观点，找原因、找办法；放下姿态，真正把读者当成真实、活生生的人，而不是像木偶一样的听众。这是真诚的写作姿态，更是让文章为读者提供丰富价值的方法。

孔子说，"修辞立其诚"。叶圣陶先生在《怎样写作》中也提道："一篇文章怎么叫好，诚实和精密"。也就是说，写文章要表达自己的真实思想，从心底说真话。一篇让人印象颇好的文章，和一次如沐春风的交流应该是一样的，真诚是最朴素有力的表达技巧。

套路再多，真诚能破。 要想写出一篇好文章，须得摆脱套路，回归基本。向内追问，提炼观点，真诚表达，言之有物。

只有先抵达自己，才能抵达读者。

> ▫ **边学边练**
>
> 　　找出一篇你写过 / 看过的文章，试着用本章讲的"写作的三级影响力"来分析，该篇文章达到了哪一层级？如果文章非常好，可以试着分析它在"事实层""观点层""渲染层"分别提供了哪些关键价值？你被这篇文章的哪一层打动了？如果文章不太好，也可以试着分析它缺少了哪一种价值。如果要跨越影响力圈层，应该重点做哪些修改？
>
> _____
> _____
> _____

[第一部分]
PART 1

事实层

提供信息价值，写得清晰到位

[第 1 章]
CHAPTER1

对象感
心中没有读者，就不会赢得读者

当我们谈到读者时，我们在谈什么

写作是一件孤独的事，在清晨或午夜，我们独坐书房，对着一面墙敲下几千字。写作又是一件热闹的事，它必须承担起交流的任务，即使我们面对白墙，也要能够想象对面坐着一个人。他是谁，他想听什么，他可能不想听什么，如何写才能打动他……这种矛盾又微妙的关系，正是文字的魅力。

好文字是有读者缘的，就像会说话的人更有人缘一样。

有些人常常困惑，我写了这么多，怎么总觉得没有写到点子上；或者我已经极力写得通俗易懂了，为什么读者还是看不懂；又或者，我的文字太干巴，好像不太能引起共鸣，不够打动人。专注于精雕细琢文字，不肯花心思去研究读者，这是一种写作上的战略懒惰。

心中有读者，才能写出吸引读者注意力的文章。有对象感的文字才有交流感，读者读后才会有共鸣。

你的文字有对象感吗？即使是文笔很好的人写出来的文章，也可能缺失对象感。文章看似是写给读者看的，实际上是自说自话。对象感的建立很重要，但并不容易，它是一种写作思维的转变，也是对写作者换位思考能力的考验。写作一旦变成一种沟通的工具，对读者的分析就不再是单一维度。读者洞察的敏锐程度、深刻程度会直接决定后期的信息筛选、表达方式和表达效果。

我是从什么时候开始重视读者洞察（用户思维）的呢？这要追溯到做自媒体之前的一段职业经历。我在图书出版行业工作了 5 年后，转行去做了互联网产品经理，那时，我的文科生思维模式第一次面临巨大挑战。我习惯"说感受"，但同事们习惯"问问题"。

当我说"这个真的很好，用户一定会喜欢"时，他们马上会问："你说它好，具体好在哪儿？这种好是不是用户需要的？满足了用户什么需求？做这件事的核心价值是什么？目的是什么？是否能为总体 KPI 服务？"面对这些问题，转行初期的我常常哑口无言，因为我确实无法用感性的表述来回答那些理性的问题。被追问的次数多了，我会开始逼迫自己慢慢转变思维方式，凡事都试着抛开感性认知，进行理性客观的分析。

产品经理应该是对用户思维最敏感的一群人，我们的工作就是不断地循环追问——你的典型用户是哪些人？这些人有哪些具体的特质，人群画像是怎样的？用户的需求是什么？这类需求是否高频？是不是伪需求？需求有没有具体场景？这件产品为用户提供的核心价值是什么？这个价值是一厢情愿的"你以为"，还是对用户"真的有用"？

做了 3 年产品经理，这种理性思考习惯和对用户需求的深度挖掘已经慢慢内化成了我的主要思维方式。但那时候,我其实并没有意识到。直到我从百度辞职后开始重启写作,包括后面开写作班、指导学员,我才发现,如果写作者缺乏用户思维,会致使其过于强调个人主观感受,忽略文章的对象感。只不过,读者不会像当年的同事们那样追问和质疑,他们只会默默地关掉正在看的公众号文章。

如果文章没有对象感,会让写作成为一厢情愿的徒劳无功。

朋友 J 刚刚到一家公司做区域经理,"双十一购物狂欢节"是她打的第一仗。恰逢新产品上市,她做得非常卖力,最后竟然以新人身份获得了销售冠军。公司上级给她发来邀请,让她在节后的复盘表彰会上分享自己的成功经验,时长 10 分钟。

第二天就是复盘会了,这个临时邀约让她慌了神。慌乱之下,她只好采用流水账式的写法,复述了自己做项目的全过程,把每一步做了什么、细枝末节都罗列了出来。

看着 PPT 上密密麻麻的文字和表格,我几乎已经预见了一个枯燥、无聊、沉闷的分享会现场。实在不像一个销售冠军该有的水平。好不容易得来的露脸机会眼看就要被浪费了。如果我们认同写作要为读者提供价值,那么这份看起来干货满满的 PPT 一定会有丰富的价值吗?脱离目标读者谈价值,其实毫无意义。在思考"写什么"之前,写作者应该先思考"写给谁看",只有对目标读者进行充分的分析,才能确保信息传递的有效性。

当朋友 J 拿着全是文字的 PPT 找到我时,已经是晚上 11 点了,距离她的分享只有不到 10 个小时。为了提高效率,我直接给她拨了电话。电话中我抛给她以下 4 个问题:

1. 这次分享是在什么场合，听众都有哪些人，具体说说？

2. 你觉得这些人可能想听什么，不想听什么，他们对你可能有怎样的期待？

3. 你的分享可能给他们带来什么价值？

4. 这次演讲，你想达到什么目的？

围绕这 4 个问题进行拆解，思路很快就清晰了。

看场合　这是一次销售部门的复盘会，台下是 100 多位区域销售经理，基本都和她是同一级别。她的身份是新晋销售冠军。

很多文章不需要考虑场合，但在写这类预先知晓场合和目标读者的文章时，就一定要先分析场合、场合里的人，以及自己的角色，这样，才能把握准内容的关键点。听众大多数是同级别的销售经理，如果讲方法，难免有炫技之嫌。如果讲故事和情怀，就要琢磨身份，自己是销售新人又是销售冠军，姿态很重要，既不能太骄傲，又不能太谦卑，分寸的拿捏很重要。

看听众需求　台下的 100 位同级别同事，以及贵宾席 3 位公司创始人都是这次演讲的听众。同事们很可能想见识一下这位新人销售冠军的厉害之处，看看到底是何方神圣，是不是真有两把刷子。创始人则当然希望她起到鼓舞士气的作用。

看价值　基于这样的需求分析，思考自己能为在座各位提供什么价值。抛开常规，讲点实在的方法，能让同级别的区域经理们既心服口服，又获得真正的启发借鉴，不虚此行。还要再讲点与梦想和动力相关的场面话，替 3 位创始人给大家提提气，鼓个劲儿，这应该也是公司安排新人销售冠军分享心得的初衷。

看目的 针对这类分享,很多人会简单地认为分享的目的是完成公司上级交代的任务。其实不然,圆满完成这次分享是公司行政部的目的,而分享者应该有自己的目的。经过一番分析,我跟她一起确定了这次演讲要达成的目的:让大家记住她,为自己在公司打开人脉网络。其实,销售冠军已经让大家记住了她的名字,但是从记住名字到记住这个人并对她印象深刻,还有一段距离。因此这次演讲要达到的目的是,给同事们留下深刻的印象。

如果你是一个平平无奇的人,大家很快就会忘记你,因为很快就会有新的销售冠军产生。事无巨细地分享销售方法,往往就会是这样的结局。但是如果你是一个有特点、有故事的人,大家就会记住你这个人,而不仅仅是你销售冠军的身份。所以在这样的场合里,想要真正传播自己的影响力,不能只讲方法,还要讲有记忆点、有魅力的个人故事。

经过这一番追问,这篇演讲稿的关键点有两个:①一个让人印象深刻的人设,通过打造有记忆点的个人故事,让大家记住她;②不能夸夸其谈,要谦虚谨慎,分享一两个独特的方法,放弃过程讲述和常规方法的盘点。同时为了比较低调,第一次露脸,暂时先不要把方法拔高到底层逻辑的层面。

什么样的人设有记忆点呢?没想到我一个突发奇想的问题,让她打开了话匣子:

> 叨叨:那说到底,你觉得是什么动力支撑你拿下这次的销售冠军的?
>
> 朋友J:说实话吗?不怕你笑话我,我最开始是冲着奖品去的。因为第一名的奖品是我一直想买的超级贵

的一款拉杆箱。

叨叨：（我很惊喜）这个非常好，坦诚而特别。

最终，演讲稿的主题定为：对不起，我只是很爱钱。

"爱钱"可以作为一个主题吗？一个爱钱的人设有魅力吗？如果在普通场合，未必合适，但在这样一个大家都在期盼销售冠军有什么特殊手段的场合，以"爱钱"作为切入是一个非常具有反差和记忆点的故事。这个人设特点，也恰恰因为真实而变得非常独特，给人留下了深刻的印象。

在场哪怕有 10 个销售冠军一起演讲，她的主题也一定是最亮眼的，那么这次演讲的目的就达到了。

在具体方法的部分，我也让她抛弃事无巨细的讲法，只重点讲一讲她开拓两个新渠道的经验。让数据说话，实用又低调。

公司上级要求我们分享成功经验时，就一定只能分享方法吗？在写任何文章之前都需要先做读者洞察，想一想具体场景里听众的需求，自己要为听众提供什么价值，自己写这篇文章要达到的目的是什么。当我们谈到读者/听众时，我们实际上谈的是对话姿态、读者需求、文章的价值和影响力。

摆脱"自嗨"，建立对话姿态

克制一点

学员写了一篇生日文，题目是《30 岁了，你还敢谈论热爱吗》。文章的开篇是这样写的：

30 岁，一个奇怪的年纪，有点不上不下。佛说：应无所住，而生其心。过去的我，只是努力在每个阶段做好自己，找到适合自己的节奏。在有风的日子里起舞，在阳光明媚的日子里放飞……就这样，我慢慢找到了生活的掌控感。
　　30 岁，我经历了一段摸索和迷茫期，离婚、家人生病是我这个阶段的分水岭，我希望用这篇文章记录自己一路自我探索的经历，来纪念我的 30 岁，或许还能给你们带来一些感悟。

这个开篇表面看起来没什么问题，句子也很文艺，但更像是写作者闷在角落里的自言自语，也谈不上对读者有什么吸引力。对于这类情感文，写作者都希望能与读者产生共鸣。但共鸣的前提是，先在文字中和读者建立对话姿态：克制地选择内容，尽可能摆脱"自嗨"，让读者读完开头就被吸引住。

开篇这一小段只有 178 个字，字数并不少，但有价值的信息量很少。178 个字包含了很多感慨，很多关键词：热爱、自我探索、30 岁的标准活法、节奏感、掌控感。这些无边无际的感慨几乎占了 90% 的篇幅，而关于写作者更具体的信息只有寥寥两笔："离婚""家人生病"。

写什么、怎么写决定了写作者是否能与读者建立良好的对话姿态。克制感慨，尽量提供具体、有价值的信息，即使是仅有 200 字左右的开篇，也应该尽全力达到这样的要求。游离式的表达没有聚焦点，因此难以抓住读者的注意力，用更具体的事建立对话感会更好。

通过聚焦和克制表达，改后的版本是这样的：

　　不知道从什么时候开始，30 岁的女人突然有了标准的活法。一个娃、一个家、一份稳定的工作成了幸福生活的固定指标。

我的30岁,没有一个指标符合社会标准。离婚,离开不对的人;辞职,离开不适合的工作;任性地从零开始,追逐自己热爱的行业。30岁这一年,不标准的活法,我反而慢慢找到了对生活的掌控感。

这版从5个关键词缩减成1个核心关键词"标准的活法",把感慨换成具体故事。因为文章开篇有对比和落差,所以更容易吸引读者的注意力,读者更有可能继续看下去。

就事论事,少谈感情,多谈实事、具体的事,是和陌生读者建立对话感的前提。

文章自说自话,通常体现在两方面:事多;情感丰富。要么是流水账式的细节堆砌,要么是祥林嫂式的情感倾诉。摆脱"自嗨"的唯一方式就是克制,克制地阐述内容,克制地抒发情感。用"更少、更具体"来消解冗长,是文章开篇的要求,也是整篇文章的写作原则。

让读者感觉"与我有关"

写作不仅是为了满足写作者的表达欲,还要让读者觉得文章与他有关。与读者无关的文章,他连打开的欲望都没有,写作者的表达欲也就无法满足。尤其是在文章的开篇,要想办法创造相关性。

这里我分享3个案例。

案例1

有家公司想在公司内部推广一款软件,但因为需要调整原有工作习惯,大家配合度不高。负责推进的同事在准备一个专场分享会，以说服大家使用这款软件。

类似的分享说明会，一般怎么说开场白？

"各位同事大家好，今天我给大家演示一下这款共享文档软件的具体使用方法。"（乏味又刻板，会议还没开始，大家可能已经要打瞌睡了。）

不妨换一种方式，用提问来创造相关性。

"如果有种方法能让在座所有人，每天准时下班，你们愿不愿意尝试？谁说的不可能？用我推荐的这款软件就有可能。我们已经做了两周的测试，接下来，我跟大家分享一下我们部门内部使用和测试的效果。"

只有确定了目标读者（听众）的需求，才能创造相关性。对忙碌的职场人来说，"每天准时下班"是一个大家都很向往的状态，戳中了听众的痛点。通过提问，引发了关联思考，在一开始就牢牢吸引听众的注意力。接下来的表达自然会顺畅很多。

案例 2

要想吸引读者的注意力，还可以用充满冲突感的故事，来拉满好奇心。

我自己写过一篇产后复工的文章，讲了自己为什么要快速复工，以及复工后的打算。通常这样的文章，会以"总结陈词"的形式开篇，比如"终于在 2020 年完成了人生大事，看到孩子那么可爱，真的很想一直陪伴她。但妈妈也有自己的工作，也有自己的热爱，我也要先做好自己，才能做好她的妈妈"。（平庸寡淡，在开篇这么重要的位置说了一些不痛不痒的"废话"。）

我的文章抛弃了这种写法，第一句话就是："上周四，我大哭了一场。"（用一个戏剧化的故事来吸引读者的注意力，一开场就把读者带入具体情境。后面再通过这个故事,带出这一年来的感慨。)

类似的写法,我还曾经用在一次公开演讲中,那次是讲述在妈妈生病那一年里我的成长和蜕变。依然用讲故事开始,让观众直接入场。演讲的开篇是这样写的:

> 2016年2月7日下午2点,婆婆端着刚炖好的肉进门,妈妈正在厨房切菜,而我正在悠闲地自拍。那一天是大年三十,除夕夜。我以为那是一个普通的除夕,但我万万没想到,那会是最后一个圆满幸福的春节。
>
> 3个月后的一天晚上10点,我正在泡脚,爸爸打来电话,妈妈突发脑出血,要准备手术。

短故事像是电影画面,把它直接推到观众面前,观众几乎会立马入戏,也更容易顺着我的讲述一直听下去。

案例3

第74届世界科幻雨果奖的获得者,小说《北京折叠》的作者,童行书院创始人郝景芳和团队合著了一本书《写给父母的未来之书》。书中介绍了很多专业的教育理论,但整本书的写法却非常通俗易懂,完全不像一般的家教类图书那么晦涩。

如何把专业知识写得通俗易懂,让读者读起来饶有趣味,这本书给出了模板一样的写作示范。其中有一节是"四个关键,培养自信而不自负的孩子",她的写作逻辑和框架是这样的:

> 有家长问我们:如何提高孩子的自信心?我们在课堂上发现,不少孩子表现出内向、羞怯、不愿意当众表达,或者表达时会紧张、不自信……我们都知道培养自

> 信心的重要性，但家长在培养孩子自信心方面又产生了下面这样的问题……

开篇先提出问题，用场景化的方式写出孩子不自信的表现，以及家长养育孩子时面临的问题和困惑。

> 我们通常理解的自信心是"相信我能做到"，似乎只要信任孩子，鼓励孩子就够了。但只放手鼓励是不够的，我们来看自信心的内涵和要素。自信心不是盲目自信，而是一个人对自己能力的正确评估。举个例子……简单地说，自信是一个人对自己能力的预期，对自己先前表现和能力的自我评价……

这部分是分析问题，分析时重点放在对概念的重新定义上，也就是对"什么是自信"给出了超越固有认知的定义。

> 培养孩子的自信心，父母可以从以下4个关键方面入手……

（为了节约篇幅，我用省略号代指部分文字内容。）

先分析问题，接下来就是解决问题，于是书中给出了4条具体的方法建议。

提出问题，分析问题，解决问题——这是一种典型的"拨开迷雾"式的写作框架。在阅读较为专业的文章时，读者不想被灌输知识，他们更想解决自己的问题。只有当读者相信"文章能为我解惑，懂我，对我有用，说的就是我"时，专业知识才能更精准地触达读者，其阅读体验也会更加愉悦。

为什么有些专业文章看起来是板起脸的说教，有些是促膝谈心式的交流？想要更精准地触达读者，得去研究你的读者：他们的问题和困惑是什么，他们能接受怎样的表达方式，怎样才能更好地给他们提供价值。

写作时让读者感觉内容"与我有关"是提供信息价值，也是建立信任和共鸣的前提。**提问、使用有戏剧性的故事、模拟读者的实际生活场景，都是不错的开场方式。**

与读者平等对话

我曾经写过一篇文章《27岁时，你在做什么》。初稿写完后，我给一些27岁左右的朋友看，并请她们提意见。收集反馈时，有个姑娘说："最讨厌在这种指点迷津的文章中，看到一个颐指气使的人，用好像过来人就一定很了不起的口气教育别人。"

这就是读者的微妙心理。尽管她们知道那是过来人的肺腑之言，所提及的方法足够有效，故事足够有借鉴性，但作为读者必须先保证自己被平等对待，而不是在上课，被教育。

本来这篇文章的主体是我写给年轻人的10条建议（写这篇文章时我32岁），但基于读者这种微妙心理，修改稿件时我换了一种写法。我用比较多的篇幅介绍自己27岁时的状态，并把自己曾经也和她们一样的具体故事分享了出来，最后再抛出10条建议。这样的写法，在一定程度上避免了类似"成功人士"颐指气使的问题，变成了一种和她们站在一起的对话姿态。

平等对话，对读者来说是一种温柔的照顾。每个人在写完文章之后都可以模拟一下：假如这是一个面对面沟通的场景，这篇文章所呈现出来的写作者是一个怎样的形象，对话姿态是否平等，写作者有没有把读者的情绪照顾妥帖。

与读者平等对话，不仅体现在通篇的内容布局上，还体现在一些小细节上。比如适当地多运用"我"和"你"，建立一种形式上的对话感，而不是通篇都是"我"。甚至偶尔可以把"你们"换成"我们"，让读者觉得你和他站在一起。

不必写给所有人

有位学员想写一篇关于婆媳相处的文章，本来她思路很清晰，就写自己是如何跟婆婆相处的。"嘴甜一点，多夸对方""给婆婆买新衣服，打造全新的形象，让她自信起来""按婆婆的审美装修她的卧室"，等等，内容很好，也是她自己亲自实践觉得非常奏效的方法。

但她越写越心虚，朋友们也纷纷发来意见，大体意思是：有很多婆婆本身就很难沟通，这些方法只适用于本身就比较好沟通的婆婆；方法不重要，关键看运气，是否能遇到一个可以沟通的人是大前提。面对这样的反馈，她又试着去总结遇到不同类型的婆婆具体该怎么处理，如果某个方法效果不好该如何变通。文章内容越来越多，也越来越写不清楚了。她也因此陷入了无边的自我怀疑：或许我的文章本身就没有意义，很多事都有个例，我也没办法找到适用于所有情况的完美方法。

写文章切忌贪婪。没有一篇文章能让所有人喜欢，对所有人都有用。当写作者企图兼顾所有人的时候，难免陷入"说了很多，而且越说越说不清楚"的困境。文章不必企图写给所有人，能影响一部分人就足够了。例如，当我们的目标是写给那些"想好好和婆婆沟通，但苦于没有方法"的儿媳妇时，文章就很简单，原来的写法就不错。至于那些已经认定了自己婆婆无法沟通，进而认定所有方法都没有用也懒得尝试的人，就放弃她们吧。

只写给一小撮人，才能把具体的目标读者的困惑写得更精准，把方法写得更容易借鉴和迁移。而通常，和你情况差不多的一小撮人，总人数也很多，不用担心案例太特殊，目标读者太少的问题。

为读者提供更丰富的价值

所谓"高情商"，不过是提供更有效的价值

岚岚已经工作3年了，还是在很基础的岗位上，没什么突破。她觉得主要是自己"情商"太低，平常不知道怎么和领导沟通，在公司遇到领导时，恨不得躲着走。岚岚最怕领导看似随意的攀谈。有一次在茶水间遇到领导时，领导随口问了句："岚岚，最近辛苦了，周年活动的方案准备得怎么样了？"她一时竟不知道如何组织语言，活动方案有好多细节，该从哪里说起呢？情急之下她说了3个字"正在做"。领导不置可否地"哦"了一声，端着咖啡离开了。岚岚尴尬地待在原地，心里默默骂自己嘴太笨，脑子转得太慢，"情商"太低。

晋升慢的职场人，常常把问题归因在"情商"上，"我就是不太会说话，不会拍马屁，所以机会比较少"。表达力确实是很重要的影响力，拥有良好表达力的人就是会拥有更多机会。但影响力不是一天形成的，日常小事中的沟通素养，日积月累，最终

决定了我们在别人心中的印象和分量。

就像上面的例子,看起来是情商低,本质上,岚岚没有洞察领导的内心诉求,没有提供有效的价值。下次再遇到类似情况,岚岚可以这样说:

> 谢谢领导关心,方案正在做,已经完成了2/3,到目前为止,都还挺顺利的。原定是本周五提交初稿,但公司启用的新工具让工作效率变高了,估计今天下班前就能给您一份初稿。

通常,领导都重视结果、效率且需要有掌控感,基于这些基本洞察,为他提供信息价值,就能满足他的需求。修改后的回答包含了领导关心的具体工作进度,工作是否能按计划执行,工作完成时间,以及对新措施、新举动的具体反馈。这些都为领导提供了非常具体的信息价值,而"正在做"没有传递任何有价值的信息。

要想成为一个情商高的人,如果你暂时还不能做到照顾对方的情感诉求,至少要先保证为对方提供有效的信息价值。小到每天发生的随机对话,大到写一封邮件、一篇文章,在开始陈述之前,你都可以多追问自己一句:"我能为对方提供哪些信息价值?这些是不是对方最关心和需要的?"

洞悉用户心理,提供高维价值

切换用户思维,提供信息价值只是初阶要求。如果试图达到更高的要求,你还要考虑如何为对方提供情感价值。

举个例子:你正在和某乙方公司对接,目标是促进项目合作。前期在线上沟通后,双方达成了初步的合作意向,下一步是邀请乙方负责人来公司面谈。如果领导参与,会议效果会更好。这时,如果领导问你,和乙方公司对接得怎么样了?(吸取前面的教训,此时一定不能只说"还行,正在努力"。)如何回答能既提供信息价值,又提供情感价值呢?可以考虑用这个公式:事件简介+当前情况+结果预估或诉求+Plan B。

- **事件简介** 领导要处理的事情非常多,未必知道你负责的具体是哪件事。陈述事件简介就能让他第一时间知道是哪件事,把注意力和思路转到你要说的事情上来。不要上来就说细节,并想当然认为领导知道你要说哪件事。

- **当前情况** 告知领导项目当前进度,是否在如期进行,有没有遇到什么困难和问题。

- **结果预估或诉求** 如果事情顺利,只需要说明预期效果和完成时间,让领导安心;如果事情不那么顺利,或有机会获得更好的结果,就要表明需要领导提供什么样的支持和配合。

- **Plan B** 在需要领导配合的事情上,最好准备 Plan B,给他选择空间和弹性。换言之,除了提供信息价值,还要照顾到领导的情绪,这也显示出你对解决问题做了积极思考和努力。如果领导突然否定了你的诉求,Plan B 能避免气氛尴尬。

当领导问"和乙方公司对接得怎么样了"时,你可以这样回答。

×总,关于我们和××公司合作××项目的事(事件简介),已经达成初步意向。我给他们 × 经理发了合作方案，×经理这周会来跟我们面谈以确认细则（当前情况）。

如果面谈时您在场，会显得我们更有诚意，我提条件也更有底气一些。您看您明天下午 2 点有没有空来参加面谈（结果预估或诉求）？

您不用全程都在，开头露面说几句话就行。如果您没有时间参加，那我谈完及时跟您汇报情况，您再帮我把把关（Plan B）。

事件简介、当前情况、结果预估或诉求——这几项都属于信息价值，需要提供精准信息，不能用模糊的表述。表面看来，提出 Plan B 也是提供信息价值，但本质上是在提供情感价值。因为你考虑到了领导可能时间很少，所以主动给他提供了备选方案，这会让他觉得整个方案很妥帖。这样回答会让对方觉得你充分考虑并照顾到了他的需求。

在写作和表达中，信息价值和情感价值并不是完全分开的。在洞察情绪的基础上提供信息价值，往往会有事半功倍的效果。比如，在工作中"发通知"是件很简单的小事，但大多数的通知消息都被同事的沉默吞没了。总有人忽略，总有人遗漏细节，总有人理解有偏差。明明写了会议时间，总有人迟到，稀稀拉拉进场，甚至需要"夺命连环催"。这时候领导只会怪你通知不到位，组织能力不强。

面对"不被重视，个别同事理解有偏差"，不是大写加粗地发"此信息非常重要"就可以，而是需要换个角度。重要的不是你发什么内容，而是你有没有站在接收者的视角去写通知。想想看，你怎么写，他们才会真的觉得"与我有关"。

明天下午2点，在5层会议室有一节技术培训课，主题是"……"，希望技术部门全体同人准时参加。

这样的内部培训通知虽然提供了非常具体的信息价值，但如果不是领导硬性要求，大家可能都懒得去。

此次培训会专门针对我们现阶段××项目的技术难点，有专业人士做专场解答，接受1V1提问。

此次培训，培训师会专门分享技术岗位的职业发展瓶颈，以及突破点。

此次培训后的培训心得，会纳入本月的绩效考核。

像这样"与我有关"的信息，随便加上哪一条，都会让这条通知消息被更积极地响应。充分研究读者心理，不仅能让自己工作效率更高，很多时候也会让沟通效果超出预期。

我有个朋友，她公司的行政部把每天的"下午茶通知"玩出了花。下午茶每天都发，大家定点领，这种常规事务的通知是最容易被忽略的。但是，如果是下面这样的通知，大家可能会有不同的反应。这里分享两则：

- 可爱的小伙伴们，想念我的例行问候了吗？下午茶也许会迟到，但不会不到。排除万难为你们献上。
- 离离原上草，只想对你好。准时报到的下午茶之爱，等你来拥入怀中。

因为朋友的同事预判到了大家对这类通知的反应，所以选择以一种调侃的方式发布通知，最终成为大家的开心果。这些不重样的花式通知成了公司同事每天最大的期待，甚至超过了对下午茶本身的期待。

有时候，考虑读者需求没有那么复杂，只需要多替对方想一步。例如，给领导的邮箱发方案，有什么特别的讲究吗？下面3种做法你惯用哪种？

- 邮件发完，默认对方收到，静静等待回复。
- 邮件发完，私信领导：方案发过去了，请您过目。
- 邮件发完，私信领导：方案发过去了，请您过目。方案中，需要您重点确认的部分是以下3点，我也已在方案中高亮标黄。

第一种做法，可能迟迟等不来回复，致使当事人很被动；第二种做法，如果领导忙，或者方案很长，他可能会觉得看方案太耗时，于是拖延回复；第三种做法，考虑到领导可能比较忙，且并不是所有点都需要他事无巨细地确认，所以标注出重点，为领导节省时间，往往会更快收到回复意见。此时如果领导做判断时需要依赖某些数据，可以在私信里附加一句，比如"第3点您可能需要参考我们之前的调研数据，我把调研报告链接一并附上"。

在写任何文章、说任何一句话之前，都先不考虑我要说什么，而应该通过用户洞察来思考用户的需求是什么。切换用户思维会让我们快速建立表达的对象感。对象感就像一个筛子，它能帮我们筛选哪些内容是值得说的，哪些是不需要说的。

表达方式决定了表达效果

除了提供内容本身，表达方式也会影响价值的传递效果。

"今天是我参与内部封闭开发的第 35 天，我已经连续 35 天没看到过夕阳了。在整个部门吃完了 300 包泡面，平均长胖了 2.5 千克之后，我们 App 的 1.0 版本昨天终于上线了。今天，向大家汇报一下 App 上线第一天的数据情况。"

这是一个项目汇报的开篇，它把"项目开发周期是 35 天""昨天 1.0 版本上线""我们整个部门加班加点很辛苦"这三重冷冰冰的信息，用故事化甚至调侃的表述方式呈现了出来，不仅活跃了现场气氛，也让听众瞬间代入了进来。

同样的信息，仅用略微不同的表述方式，就能带来完全不同的效果。连续 35 天加班，吃完 300 包泡面，平均长胖了 2.5 千克——本质上是在替团队叫苦，但是因为用了一点黑色幽默，且放在汇报的开场简单提及，整体效果就不会显得是在叫苦、邀功。

"克服困难"这类主题天然带有情绪抒发的意味，在表达时尤其需要注意方式、场合和技巧。对于这类主题，可以想办法进行情绪升华。

还以加班辛苦为例：时间不够、加班熬夜、全体吃泡面。这些其实是典型的低级困难，克服这重困难几乎不需要技术，吃苦就可以。所以它传递的情感价值也只有叫苦。如果只传递这种情感价值，很可能让领导产生不适感——这不是你们应该做的吗？让团队这么辛苦，难道不是项目经理统筹有问题？

为"低级困难"匹配"高级解法"，可以让相同的主题拥有不同的情感价值。比如任务多，人手不够，但你能够判断任务的优先级，果断去掉一些无关紧要的任务，优先保证核心任务的完成。这体现了你的判断力和决断力。再比如任务多，人手不够，你能够临时招募实习生或从兄弟部门调用人手。这体现了你的组织协调能力。

通过转变表达方式，"工作苦压力大"这样的低级困难和普通主题，提供了截然不同的情感价值，既传递了过程中的辛苦，又马上把"邀苦功，博同情"转变成了一种"判断力""决断力""组织协调能力"的展现，领导也会把情绪重点转移到对你的赞赏和认可上。

首先为读者提供精准的信息价值，同时留意那些自带情绪抒发意味的主题。只有对自己提供的情感价值敏感，并想办法把情绪价值进行恰当引导，才能达到更好的表达效果。

深度挖掘需求，超越读者的期待

找到读者心中的问号

写作时，你会想象读者是怎样的人吗？包容、开放、乐于倾听？我们当然希望有一批笑意盈盈，对自己的文章充满期待的读者。但真实的情况是，大多数读者都有一张扑克脸。他们对事物有自己的固有认知；他们每天接收到海量的信息，因而对内容价值的要求不断提高；本质上他们警惕被人说服。

因此想写出更有说服力的文章，要默认"读者不信"，找到读者心中所有的问号，一一破解。只有把问号变成感叹号，才能超越读者的期待。

我曾经指导过一个学员的竞职汇报，在她已经被明确告知没有升职希望的前提下，逆势扭转，竞聘成功。她之前负责某品牌的直播业务，前经理离职后，她做了半年多的代理经理。最近事业部大领导换届，空降的领导对她视而不见，开始对外招聘经理。人力总监也明确告诉她，公司更倾向于对外招聘。面对这种棘手的情况，她很郁闷，但也不想坐以待毙，于是她想向公司申请一次竞职汇报。公司也决定给她这个机会。

这是一个最难说服的情况，她的听众心中充满了质疑的问号。为了表示自己非常懂业务，是合适的经理人选，在初稿的汇报材料中，她洋洋洒洒把业务写得非常细。从行业趋势到竞品状态，从内容运营到用户运营，从爆款内容策划思路到主播招聘机制，甚至细到接下来要招聘几个新主播。业务能力的全面展示，看似是在证明自己很懂业务，但本质上是因为没有做好用户洞察，稿子并没有抓住关键点。

回到这件事的原点，她的目的是要说服领导相信自己可以胜任经理职位。在摆出令人信服的证据之前，应当先深度洞察用户需求，想一想：为什么领导不相信自己？

找到不相信的点，针对这些点逐一破解，才是这次汇报稿的关键点。

经过梳理后，领导不相信她，可能主要有以下这几个原因：

- 空降领导不懂直播业务，对直播业务经理需要什么样的人，也不十分确定。
- 空降领导对她的认知不够，不熟悉，也就不信任。
- 她是转岗到直播组，做直播运营的年限不长，领导可能认为她岗位积累不够，不能从大局上看问题。

- 她一直是基础岗位,没有团队管理经验,且本身性格比较温和,领导可能认为她不具备带团队的能力。
- 领导对团队负责人标准有自己固化的理解,可能没有结合直播这个新兴行业的实际情况。

梳理完所有问题之后发现,如果按照她最初的思路,洋洋洒洒的业务汇报只能解答上述疑问的 1/3,说服力不足,竞聘大概率会失败。调整思路,抛弃流水账式的写法,专门针对这几个问号,抱着让领导眉头舒展的目的,我们确定了几个汇报关键点:

1. 开场适当增加自我介绍的内容篇幅,让领导多了解自己

这部分将展示她从业生涯中开拓行业先河的几个例子,以及她在行业内长达 7 年的销售经验。并且重点展现她在直播组的核心业绩:在直播业务惨淡的情况下,她能大胆抛掉原有模式,启用新账号,并在 3 个月内突破 50 万粉丝,使产品销量破千万,一举成为行业头部账号。

2. 抛开业务细节,提炼自己的独立认知和方法论

竞聘管理岗,关键是摆脱执行者的固有形象,要像一个管理者:抛开业务细节,谈趋势、看长远,对业务有自己一针见血的独立认知,也有开疆扩土的魄力。

她放弃事无巨细的业务说明,提炼出了一个直播业务内容生态循环图,在全局视角的基础上谈各个板块的工作要点,突破问题的关键点。这是她的方法论提炼,让领导看到了她更高维度的业务思考,摆脱了她在领导心中的执行者的形象。

3. 从全局看团队规划

为了进一步证明自己的管理能力,她写了两个方面。一是用业绩事实说话,年初部门人员大换血,几乎所有岗位都换了一遍,新团队全部由她逐一招聘、培训上岗。这体现出了她的抗压能力和团队建设能力。二是抛弃对团队问题的"碎碎念"式写法,变成整体的团队规划三板斧:明确职责和组织架构;重新制定绩效激励体系;建设有成长性的团队梯度。从全局视角来规划团队未来的发展,而不是只解决一个个零散的问题。这体现出她开始有了作为管理者的格局。

4. 直面问题,重建用户认知

既然领导不相信,那么我们就直接来谈问题。关于直播业务负责人需要哪些关键胜任力,她提出了自己的理解,这是自信的体现,也是对用户认知的重建。

这里直接摘录一段原文:

> 直播是一个新兴事物,发展迅猛,但尚处于野蛮生长的阶段,没有形成既定的格局(暗示对于新事物,不能按常规套路理解,对团队管理者的要求也未必要按常规设定)。通过这一年多带团队、开疆拓土的经验(暗示自己未必是老练的管理者,但已经具有丰富的实践经验),我认为直播岗位负责人需要具备这三种关键的能力。
>
> - 快速学习的能力。这个不用说,面对发展迅猛的新事物,管理者必须是跑得最快的那个人。(打破大家对自己温和性格的固有认知。)

- 开拓创新的能力。新业务跟传统业务不同,是负责给公司寻找新增长点的,没有开拓精神,一味求稳,一味保守,就会错失良机。这恰恰也是这段时间我最兴奋的事,它就像我从业7年里做的很多个开拓行业先河的事一样,带给我巨大的挑战和兴奋感。(暗示自己表面温和,实际是个有魄力、勇敢接受挑战的人。)
- 协同组织的能力。通过前面的生态分析,大家不难看到,直播需要内容、运营、直播、私域运营这几块一起发力,从内容到人员管理,都需要管理者严格把关。在这一年多的管理过程中,我积累了丰富的经验。(暗示直播业务逻辑复杂,管理者的业务经验比管理经验更重要,而我是最熟悉的人,对外招聘的经理未必能很快上手。)

把4个关键点融入具体的汇报内容,整个汇报才有可能逐一瓦解领导的固有认知,把他心中的问号变成感叹号,从而达成说服。

学员作为临时代理经理看似性格温和,一直处在执行层,没有管理经验,业务积累也不深厚,但是通过这次汇报,她瞬间就变成了准经理人选。表面温和,实则有魄力,虽然做业务时间不长,但有自己的独到见解,成长快。加上她在汇报中一直暗示直播是新兴业务,领导可能也会考虑抛掉固有标准,重新考虑团队负责人的筛选标准。

最终的结果是,经过几轮对汇报材料的修改,最终的汇报效果非常好。她被当场确认可以升职。而这次关键性的汇报,也让她完成了职业生涯中从基础岗到管理岗的跨越。这次汇报之所以成功,关键就在于提前分析了读者的所有不信,把问号一一拆解。通过改变固有认知建立起的说服力是不容小觑的。

这个案例中的学员有一个天然优势，即她提前知道自己是不被信服的，并且可以罗列出不被信服的点有哪些。但在实际的写作中，读者心中的问号往往是隐形的，写作者看不到那些问号，故而容易盲目自信，认为目标读者都在期待快点读到自己的文章，所以很容易在写作时自说自话。

如果能在写所有文章时，都先默认读者难以被说服，分析读者可能在哪些方面有问号，最后写出来的文章就更有可能超越读者的期待。即使是在写没有明确读者对象的文章类型之前，也需要有这种心理预设。

我曾经写过一篇推广"思维升级课"的课程软文，做到了单篇阅读量破3000，销售额破10万的成绩。那篇转化率非常高的软文，本质上也是预设了读者可能有的问号，然后在所有有问号的地方都埋了伏笔。

带货类的文案一般要分成这样几步来写：

- 我能解决什么问题——明确产品特点
- 什么人最需要解决这个问题——确定目标用户
- 我的产品凭什么能解决这些问题——设置一个带货文的"读心"逻辑

这篇文章首先会面对一个最大的问号：我为什么要上思维升级课？思维看起来是个很抽象的东西，思维升级之后能获得哪些好处也并不明确，读者很可能觉得自己不需要这样的课程。要解决这个问号，我的方法是先锁定目标读者。虽然思维升级对每个人都很重要，但是对哪些人更重要呢？经过分析，我决定按照年龄来划分，并最终选择了处于30岁这个很敏感且最容易迷茫、遇到瓶颈的年龄的人群。针对该人群的困惑和需求，我选择了"突破瓶颈"这个点，最终的标题是《提不起劲的生活，犹豫不定的未来，30岁的我们靠什么突破瓶颈》。

确定了产品特点、要解决的问题、目标读者之后，文章的整体讲述逻辑要设置一个不断打破问号的"读心"逻辑。好让读者一直拍大腿默念"没错，我就是这么想的"。

最终文章的讲述逻辑是这样的：

1. **典型困惑**　用一个具体故事直接切入：朋友30岁了，但依然是基层员工，工作乏味且无聊。这个故事可能贴合大部分读者的情况，但也有部分读者可能出现第1个问号：不对，我不是这种情况。

2. **共性困惑**　由此及彼，从个性到共性，罗列5种30岁时可能遇到的工作瓶颈和生活无力感。打破第1个问号。

3. **理想状态**　描绘蓝图，罗列6种思路清晰的理想状态，让人燃起希望（这里较真的读者可能出现第2个问号，即"说得好听，真能达到吗？看起来太难了"）。

4. **主人公故事**　写具体的故事，让理想触手可及（用一个具体的故事，而且是用写作者自己的故事来破解一个问号，同时可能出现第3个问号"个例而已，普通人也适用吗"）。

5. **探究本质并点题**　提出观点："风浪中对底层思维逻辑的探究、坚持和训练，可以让人换种思维方式，不再小修小补，而是能从根本上解决问题。"（不只探讨个例，而是从个例抽离出本质，提出自己的独立见解，用观点影响读者的思考，为读者提供思考价值。）

6. 实践例证 增加一个普通人切换思维模式处理棘手项目的例子，以及往期课程学员反馈的故事，证明思维升级也有方法可循（观点及更多佐证，打破第3个问号，打消读者心中"别人可以做到，我不行"的疑惑）。

7. 邀你来试与课程介绍广告 "如果你做了很多努力，都没有实质性的改变，那么不妨勇敢放弃所有技巧学习，利用这次机会全面升级你的底层思维方式。从内部击破，不破不立"（让读者觉得理想状态有章可循，打消了读者心中的所有问号以后，再推出具体介绍，实现订单转化）。

为读者多想一步

除了不断破解读者心中的问号，想要深度挖掘读者的需求，超越读者的期待，还需要关注读者下一步的行动，让自己的内容更能辅助用户开启下一步行动。

举个例子，小张是一家知识付费平台的运营主管，该平台一直以邀请老师入驻开设录播课程为主，用户主要是在平台购买课程后自行听课。因为内容质量比较好，课程也较便宜，所以流量做得很大。但平台的完播率很低，用户购买后几乎都只听了课程的前20%。2019年，老板要求运营团队把工作重心转为：做用户沉淀和复购，想办法提高用户对平台的忠诚度和黏性。同年4月，小张带领团队尝试做"课程训练营"项目。项目效果不错，他准备做一次项目汇报。

如果你是小张，你会怎样汇报，以超越领导的期待？

4月我们完成了"课程训练营"这个项目。我们尝试在录播课以外增加社群交流、作业打卡、老师反馈等与课程配套的服务。一个月的时间，我们跑通了某时间管理训练营的训练营设计、招生、训练营开营、课程配套服务等全流程。这个项目的销售额为50万，总用户数为3000人。该课程的学员完播率达到了70%，复购率达到了30%。这个试验产品的数据表现超出了预期，用户黏性有明显提升。

这个汇报看起来不错，但也很难从中找到亮点。

换位思考，想象你是领导，听完上述汇报，你的下一步行动可能是什么？也许领导未必关心这个项目本身赚了多少钱，积累了多少用户总量。既然提升用户黏性是战略规划，而这个试验产品又初步被证明有效，那么下一步领导很可能是想复制和扩大这个项目。所以，只汇报这个项目本身的细节，就肯定无法打动人心。

根据对领导下一步行动的推测，重点提炼出项目复制的可行性方案，会更有可能超越领导的期待。比如这个模式的创新性核心是什么，模式是否可以全平台复制，复制的过程中有哪些关键困难要克服，有没有风险，需要用到哪些资源。关注领导的下一步行动，关注行动时他可能会关心的问题，我们就能提供更有价值的内容，辅助他进行战略决策。

这样汇报，不仅展示了小张在单一项目上的能力，更展现了小张开拓新项目的勇气、方法和深度思考。在领导规划未来方案时，小张有可能会是负责人的最佳候选人。

找到读者心中的问号，可以更深入地洞察读者当下的需求；关注读者的下一步行动，可以更深入地影响读者的行为。更懂读者，才能让内容始终超越读者的期待。超越期待，才能摆脱平庸，拥有更深远的影响力。

如何成为一个有"对象感"的写作者

教普通人写作 5 年多了，亲自详细点评过数千篇学员写的文章，我几乎半分钟就能判断某位写作者的水平、段位。影响段位的核心要素就是写作者对"对象感"的处理。**没有对象感的写作者，即使文笔流畅，也很难写出真正动人的文字。**

前面几节分享了很多洞察读者，建立对象感的方法，但除了直接洞察人心，还有很多外在方法和工具，可以帮助我们更好地理解读者，建立对象感。这里我分享 5 个具体且实用的方法。

把读者放到具体场景里

我的朋友禾子是一位形象顾问，最近她被邀请在一个个人品牌群里做一次关于服装穿搭的分享。群主没有提具体要求，只是说"讲什么都行，我们群里 90% 都是女性，跟穿衣服相关的大家都感兴趣"。

在我的影响下，禾子当然知道不能真的随便分享点什么，她还是希望内容能令大家耳目一新。思来想去，她定了一个主题——"服装对比度对整体搭配的影响"。"这个主题应该不太常见，不会落俗，但我不太清楚，大家会不会觉得这太过于专业？"禾子似乎不太坚定自己的想法，对于这次分享的听众的需求，她有点拿捏不准。

大家应该还记得前文中提到过摄影师 Yuki 的例子。经过仔细分析，她的摄影主题从"摄影基础知识"变成"琐碎日常，如何拍出氛围感十足的照片"，这就是一个非常典型的把读者放在具体场景里去研究其需求的例子。学拍照是个过于宽泛的需求，因此会有各种各样的需求点。但读者一般都在什么场景下拍照？经营个人品牌的这些人最主要的拍摄场景是什么？（把读者还原到他的真实生活场景中。）Yuki 马上理出了主题："经营个人品牌，拍照的 7 个典型场景"。7 个场景分别是：看书、努力工作、看展、逛书店、拍摄美食、旅行拍摄、活动拍摄。针对这些场景，再去提炼最关键的拍摄痛点和解决方案，内容就会变得非常聚焦和实用。

形象顾问禾子也可以如法炮制。个人品牌群里的女性用户，她们有哪些需要好好穿衣的场景？这些场景里哪些会是更迫切的需求？拍职业照需要好好穿，用于海报、书封等形象展现；日常拍视频出镜需要好好穿，形象不好会直接影响用户观感；不出镜的日常社交也需要好好穿，但穿得不好，影响不会太大。

一旦把用户放回到她真实的生活场景里，"好好穿搭"这件事最迫切的需求点在哪儿，就非常清晰了。最后她选择了"拍摄职业形象照"这个场景，分享主题是"不要千篇一律，拍摄形象照这样穿，显得专业又不失个人风格"。这个内容因为场景非常聚焦，听众需求明确而强烈，最终分享效果和参与度都非常不错，甚至当场就转化了很多咨询订单。

回看她原本的主题"服装对比度对整体搭配的影响",既没有考虑听众的特点,也没有把听众放到具体场景里,听众在她眼里都只是一些模糊的脸,所以分享内容再有用也是无的放矢。

当你把握不好读者/听众的需求时,可以试着把他们还原到真实的生活场景里。

对"人"感兴趣,主动收集样本

不能做到洞察需求,也可以直接提问。不管是做问卷调研、查看行业报告,还是面对面聊天,都是简单有效的方式。前面提到过《27岁时,你在做什么》这篇文章,在研究读者的需求这个层面,我就采用了主动收集样本的方法。下面简单还原一下写作过程,供你参考。

那篇文章的写作缘起是一个朋友曾问我,27岁的时候在做什么。这个朋友27岁,我当时32岁。27岁的她对于工作发展、家庭与事业的平衡有很多考虑。简单来说,27岁时的我们似乎已经懂了很多东西,不再是职场新人,但在职场中突破瓶颈也没那么简单,处于一种上不去又下不来的尴尬状态。作为已婚女性的她,也到了考虑生育的年龄。工作和生活中的所有事几乎都悬而未决,所以她感觉自己处在一种失重状态里。作为前产品经理,我敏锐地察觉到她的情况不是个例,应该是一种普遍状况,代表的是一类人的生存状态。所以我准备写一写这个话题。

接下来,整个写作过程大概经历了这样几步:

- 先和这个朋友进行深聊,锁定她的具体困惑。

- 在知乎、微博等平台上,以"27岁"为关键词,搜索相关的网友提问和内容,看看大家围绕这个话题在聊什么、关心什么。找到那些被高频提及的困惑和焦虑点,准备作为文章主要的讨论点。

- 写完初稿,先拿给10个27岁左右的人看,征求目标读者的反馈。通过反馈,去发现他们对哪些点很兴奋,认为哪些内容是老生常谈,以及他们还想看到哪些内容。

- 允许一切如是,认为所有的反馈都真实且合理,并且根据这些反馈再次修改。直到完稿。

这就是一个典型的主动收集样本的过程。事实证明,对读者需求有了更清晰的了解以后,确实会写得更精准。这篇文章发出后,读者反馈特别好。

分享这个例子,并不是想说每次写作都要这么复杂,而是为了提供一种提高读者需求洞察的方法。想要成为很懂读者的写作者,需要对人有极大的热情和兴趣,愿意去研究人的需求。像产品经理那样主动发起调研、收集样本,是一个非常直接、有效的方法。

重视反馈,看到读者"未言说的信息"

我有个朋友是新疆人,定居在深圳,她每年回新疆过年都会带好多馕回来。她每次都很热情地给邻居们分一些,连续好几年都是如此。邻居A每年都欣然接受,但从来没反馈过好吃还是不好吃。

这一年,我朋友又照例给邻居们分了馕。有一天她下楼扔垃圾,看到邻居A刚扔完垃圾,开车走了。等她准备扔垃圾时,整个人都惊呆了，垃圾箱里竟然是上午刚刚送给邻居的新疆馕。这件事对朋友打击很大，但她冷静下来想了想，也许这几年邻居的"没有反馈"就已经是最好的反馈了。她已经用"从不反馈是否好吃"的实际行动表达了"不喜欢"。

通过使用主动收集样本那个方法，我们能收到很多直接的反馈。直接反馈很重要，但很多间接反馈，甚至没有反馈，也非常重要。写作者觉得自己的文章写得很好，但读者寥寥；认真展示完长达 30 分钟的报告，老板一句话也没说。你是否想过，没有反馈，也是一种反馈，但我们却常常忽略了这点。

甚至，有一些看起来很反常的现象，往往也代表着某些潜在需求未被满足。分享一件很小的事。这几年我一直做线上课程，销售和成交都是在线上。卖课时，销售助理经常会被问到两个看似很简单的问题：

- 问题 1：请问，咱们这个课的上课时间是怎样的啊？
- 问题 2：你好，这个课多少钱？

上课时间和课程价格是最基础的信息，在课程招生文案里都有明确写出，按理是不需要再提问的，为什么读者还会反复问呢？普通的销售一定会直接给出准确答案，比如：课程持续上 21 天，学费是 899 元。但这种准确无误的回复并没有带来更好的成交效果，对方获得准确信息之后就不再说话了。

两个简单的问题，其实背后隐藏着丰富的信息和需求。这时候可以开始向自己追问：为什么一个人会格外关注时间？为什么一个人会格外关注价格？在这种特别的关注点背后，他们内心的诉求可能是什么？他们的购买阻力可能在哪里？我们如何能够通过更恰当的方式来说服对方打消疑虑，完成购买？

当用户问时间时，要么是需要更准确的开课日期，好核对自己的日程；要么是超级忙，害怕没有太多时间学习；要么是学习时间不固定，担心错过某些课。因此，如果回复时主动打消疑虑，提供更丰富的信息，用户就可能会觉得十分被照顾。

当用户关心价格时，就更简单了。可能是单纯想确认一下，但更可能是他的预算不够或者觉得有点贵。在不能降低价格的情况下，让用户感觉到性价比很高，获得感远高于钱数，或者单纯让用户觉得占到了便宜就可以了。

用户有很多没说出口的话，经过分析和梳理以后，才能给出更妥帖的回答。调整后的话术可以是这样：

问：请问，咱们这个课的上课时间是怎样的啊？

答：课程时间设置在4月1日至4月30日，共30天。每天一节课，每节课15分钟。录播课，每天零点更新，全天都可以听，而且可以无限次回放，不用担心错过。15分钟也不会给人带来压力，通勤路上就可以听完。

问：请问，这个课多少钱？

答：10节大课，每节课1小时，干货满满，还带10次作业的一对一点评指导。一共是899元。现在报名是早鸟价，可以立减100元，早鸟价是799元。

在写作和表达时建立对象感没那么容易。如果简单、粗暴地下定论："课程推文写得明明白白，为什么还要问"或者"预算不够的用户不是我们的目标用户"，那就会一次次错失很多用户。哪怕是一条销售回复话术，背后的写作逻辑也是一样的。建立对象感,保持对读者"未言说的信息"的敏感,十分重要。

为什么写得很好的文章,读者不喜欢看?为什么精心准备的汇报,领导不置可否?为什么明明写清楚了,用户还要问?答案藏在细节里。只有重视反馈,重视所有直接和间接的反馈,才能把文章写得更周到、更妥帖。

模拟心路历程,更精准地换位思考

本书前文介绍过一个医美机构周年庆发言稿的例子(见第43页)。稿子修改后的版本摆脱了假大空的口号化宣言,通过分析发言稿应该提供哪些关键价值,文案负责人小A写出了一份独特的、绝对不会和其他分院CEO撞稿的发言稿。

不雷同,是文章提供独特价值的前提,同时也是对实际情况预演后的未雨绸缪。

医美机构周年庆有10家分院CEO发言,每人1分钟。这种发言,大家的内容往往大同小异。如果写常规的内容,很可能出现"撞稿不可怕,谁排最后谁尴尬"的窘境。在不确定演讲顺序,以及有10位CEO发言的情况下,为了避免尴尬情况出现,"避免雷同"就成了这次发言稿写作一个非常关键的点。抓住这个关键点,才能写出令股东和领导满意的发言稿。

你有没有想过,面对一篇2000字的文章,读者通常会如何读完这2000字?如果把阅读当作一段旅程,在旅程中会发生些什么?读者读到哪里的时候可能会注意力不集中?他如果迟迟等不到什么样的风景就会换一条路,干脆关掉你的文章?

我自己的习惯是在第一遍写初稿时只凭感觉写,但一定会在修改稿件时一边读，一边预设和模拟读者在阅读时的心路历程。我会想象自己是一个第一次打开这篇文章的陌生读者，记住在这段阅读旅程中可能有的心理状态，并在最后修改和完善那些很容易令自己皱起眉头和走神的地方。

在复刻读者心路历程的过程中，我一般会重点关注以下3个方面：

- **知识储备** 读者在这个话题领域的知识储备和背景信息，决定了他们对内容的接受度：哪些陌生，哪些新鲜，哪些不好懂，哪些是老生常谈。

- **情绪起伏** 读者需要在一段旅程中始终保持高昂的情绪，才能坚持走完这一段。那么，在整个阅读过程中，新鲜的知识、起伏的情感、反差冲突等这些能调动起情绪的点，要逐个埋在行文里，最好不留较长篇幅的平淡和放空。

- **内心独白** 有对象感的写作者，会非常关照读者内心的独白，并针对相关情绪做出解释。比如，写作者写了很长一段自己的故事，稍微有点自说自话的嫌疑，这时候读者内心的独白可能是：这跟我有什么关系。所以在你自己的故事后面，可以补加一段话，让你的故事和读者产生关系。比如"相信你也经历过这样的事情，虽然在当时看起来无比艰难，但是过后仍然可以云淡风轻地把它讲述出来"。再比如，如果难免要引用一些很煽情的句子，或者讲一些看起来匪夷所思的故事。这时候洞察读者内心的独白，就可以巧妙化解尴尬。比如"我知道，这句话太煽情以至于'烂大街'了，但是生活有时候就是这么庸常、无聊""这个故事怎么听都像编出来的，如果不是亲耳听到，我也会觉得太离谱了。生活本身就是最好的编剧"。像这样的内心独白，会让读者觉得写作者时时在回应他，并且很懂他。

模拟读者的心路历程，本质上是为了超越读者的期待，让他的阅读之路充满惊喜。

看见自己，才能看见别人

很多人说换位思考很难，经常猜不透读者的想法。除了上面那些具体的方法，还有一个非常关键的点：一个对他人的情绪和需求不敏感的人，往往很少能真正看见自己的情绪和需求。

心理学中有个概念叫自恋型人格，自恋的人往往是自己需要被他人认可和满足。写出"自嗨"型的文章的写作者本质上是在求认可，这样的人很可能在生活中缺少被别人看见的经历。

一个人看见自己的前提是，有过很多被别人看见、被别人认可的经历。 就像婴儿是从妈妈的眼睛里认识自己的，如果我们从小到大都不被认可，就不会知道自己是一个什么样的人。如果你看一篇公众号文章很快就关掉了，你有没有去觉察自己的情绪？为什么我会关掉这篇文章？是我不喜欢平淡的叙事，还是我对写作者的价值观不认同？如果你完全看不到自己的情绪，那么轮到你写的时候，你可能就不知道应该在哪里避免出现哪类问题。

如果你不喜欢平淡的文字，你就会尽量避免平淡；如果你讨厌啰唆的发言，你就会知道啰唆的发言是哪里令人厌恶，自己也就会刻意避免啰唆。

对自己真诚，才能对读者真诚。一个人如果能经常觉察自己的需求和情绪，就更容易建立同理心、换位思考，也就更容易看见读者、了解读者。

本章追问锦囊

开启自我追问，建立对象感，写到读者心坎里。

- 我的文章是写给谁看的？
- 我的文章为读者提供的价值是什么？
- 读者在这个话题上有哪些需求/困惑/旧认知？

边学边练

假如你看完本书，很想参加文叨叨的新书读者交流沙龙。沙龙上每个人都要进行 2 分钟的自我介绍。

请结合本章的知识点，切换用户思维，想一想，要怎样组织发言稿。

思考时，请注意练习对象感的几个要素：场合、需求、价值、目的。思考这是一个怎样的场合；听众都有谁，听众的需求可能有哪些；你的发言能为听众提供什么价值；你这次自我介绍的目的和想达到的效果是什么。

第 2 章
CHAPTER2

逻辑顺
铺设表达通路，让信息精准触达

越少越好，抓住关键点

滔滔不绝是一种表达失控

朋友的摄影课在推广期，希望我发朋友圈帮他宣传一下。他的课程质量很好，我欣然答应并决定问他助理要一些宣传文案。"这套课的主打特点是什么，发给我看一下。"小助理很快发来一大段文字：

> 针对零基础小白；老师授课简单易懂、实用性强；助教 1 对 1 作业点评 9 次；专门社群交流，随时学、随时练习、随时答疑指导；班主任运营提醒通知；每日作业精选及展示；毕业作品评比，获奖者得价值 1999 元的中级实战班资格。课程共 21 天，价位是 899 元。

如果把文案原样复制，这条朋友圈的效果会好吗？

能说会道不一定是表达能力好，滔滔不绝也可能是一种表达失控。滔滔不绝的人往往也是说话啰唆、细碎、冗长、相对随意的人。话说了很多但没有重点，像一个浑身长满赘肉的人，不清爽也不利落。

这套课程有 7 个特点，实在太多了。有运营提醒、作业精选、社群，这些几乎是线上课程的标配，80% 的同类品都有，严格来说也不算特点。"如果都写出来，总有一条能打动你吧"——这是一种不考虑结果的战略懒惰。

写作是表达和信息触达，信息太多会干扰信息传递的效果。**说得更少，才能说得更好。克制是最高级的表达。**

要修改好这条朋友圈文案，应该先做减法，7 选 1。我认为"1 对 1 点评"是它区别于同类品的最大特点，写文案时可以重点强调。做减法时，如何选出最关键的点呢？这里需要用到上一章提到过的"切换用户思维"。先默认读者"不信"，然后才能找到说服的关键点。面对推广文案，读者"不信"的方面可能有很多："不信老师的资质""不信课程质量""不信自己真能学会"。针对这些顾虑，我的破局点是三句文案：拥有 400 万粉丝的摄影博主（老师资质）；30 多期训练营好评率 95%（课程质量）；全程 1 对 1 点评（增强对练习的反馈指导，更容易提升学习效果）。

继续分析说服的卡点，21 天 899 元，这个价位明显高于同类纯兴趣型摄影课程。仅仅作为爱好，鲜少有人愿意花近 900 块钱。如果不考虑纯爱好类用户，把目标用户确定为有潜在刚需的人，价位的卡点就能迎刃而解。其实这也是做减法，对受众群做减法，不企图卖给每一个人，才能卖得更好。

最后，我将课程的朋友圈文案改写如下：

有人最近想好好学拍照吗？推荐好友这个手机摄影课，没错，图4、5、6都是他的学员用手机拍的。

在抖音上坐拥400万粉丝的手机摄影博主，这套课已经开了30多期，好评率95%，全程1对1，你的每一张照片都会被点评指导。（讲述顺序很重要，开篇说要点，先一一破解读者心中的三个"不信"的卡点，让他有看下去的欲望。）

我个人觉得这门课适合三种人（主要是帮读者做筛选和对照）：

- 对摄影感兴趣，未来想发展副业的人。摄影不需要天赋，惟手熟尔。据我观察，这项技能根本不用做到顶尖就有接不完的活，细分的需求有很多。（有可能成为职业，价位顾虑就少了一些。）
- 做个人品牌或小型创业的人，拍产品、拍日常，初期不想花钱请摄影师。（创业者，花小钱省大钱。）
- 内向者，想掌握一个低成本的社交技能。没办法快速与同事熟络起来，但在公司团建或参加活动时，你默默拍一些好图，发给大家，立马就会被人注意到。毕竟90%的人手机里都是拿不出手的图（让摄影不仅作为一种爱好，还能带来具象的价值感）。我的好友有价值50元的优惠券，大家可以在评论区里领。（有优惠，下单犹豫前的临门一脚。）

文案发出去，果然非常精准地带货成功，好多人评论"说的就是我，买了"。虽然这条文案的字数并不少，但因为更有逻辑，所以更精准，表达效果也很好。

想要达成精准有效的表达，做到这两点很关键：①在庞杂的信息和想法中，进行内容筛选，做减法，找到关键点；②用更有逻辑的表达顺序，让经过筛选的内容更有效地抵达读者。

做减法，不求全

有位学员写了篇近9000字的文章，详细讲述了她经过为期两年的疗愈式写作后，发生在她身上的巨大变化（疗愈式写作不是我的课程）。她说："这两年发生了好多事，都值得记录，我的感受太复杂了，两三万字都不能穷尽。但是我越写越多，也越写越乱，怎么都表达不清楚。"

写流水账和喜欢"碎碎念"的人都有汹涌的表达欲，他们最擅长按时间线叙事，所有细节都不肯放过。记录一次美好的旅行，从第一天写到最后一天，从早饭写到晚饭；分享难忘的考研经历，只能从头到尾写，起因、经过、结果分别包含哪些细节；写项目汇报，也只能从项目开始写到结束，细数做过的20件事。如果不这样，他们就不会写。

内容多且杂，毫无重点。尽管写作者颇费心思，但读者在长篇叙事里早早迷失并失去了耐心。想要摆脱流水账和平庸叙事，请记住6个字：做减法，不求全。

针对这位写了9000字的学员，我用"选出前三名"的方法，帮她完成了一次做减法的过程。

问:这两年发生了太多的事,能不能说说令你印象最深刻的3件事或3个方面,就是我向你提问的这一刻,你脑海里最先冒出来的事。

答:写作带给我太多改变了,包括家庭关系、社会关系、自我认知、思维方式、行为方式、自信心、情绪管理,等等,没办法选出前3。

问:那么,在上面你提到的7个变化里,你觉得最大的变化是哪3个?也请不要多想,在我提问的这一刻,说出你脑海里最先冒出来的那3个,7选3。

答:如果非要选3个,那就是情绪管理、行为方式、自我认知。(停顿了一下)很奇怪,我怎么瞬间就选出来了,之前我自己因为不知道排序纠结了一个月。

这并不奇怪,做减法,往往不是不能,而是不舍。**表达信息过于求全的人通常既自恋又不自信**。但是谁想了解全部的你呢?只有先设定"读者并不想看我们的文章",才能倒推文章怎样写更能吸引目标读者。选择最精彩、最值得的部分来写,从失控的自恋式表达中解脱出来,才能体会越少越好的美妙。

在这个案例中,因为她想表达的内容比较多,为了降低难度,我先让她选了令她印象最深刻的3个方面。但实际上,如果能选出1个点会更好。不求全,只写一个点,写作是克制的艺术。100%和盘托出从来不是目的,信息的选择和甄别是一次次的自我审视。我们不能奢望,也不要企图在一篇文章里把所有事都讲完、讲全。

进行信息筛选是构建写作逻辑的第一步。只写一个点,不仅适用于精简冗长的故事,也适用于将平淡的表述生动化。比如"自我介绍"这个生活中很常见的场景,可能最容易写得平淡乏味。举个例子:

> 我是芳芳,我是一个很普通的人。我比较善良,每天都会喂流浪猫。我有点孤独,大多数时候都宅在家里;渴望自律,把自己的生活安排得井井有条;喜欢自由,经常出门旅行。很开心认识大家。

芳芳给自己贴了很多标签,但读者却看到了一张模糊的大众脸,没有记住她任何一个特点。在人数较多的社交场合,这样的表达会被瞬间淹没。想让表达更生动、吸引人,也需要先做减法,将自己的4个特点,变成1个特点,提炼出1个独特的标签。经过梳理后,芳芳选择了"自律"这个特点,修改如下:

> 我是芳芳,一个自律到极致的普通女孩。连续300天,每天都给自己做不同的早餐,每天雷打不动保持30分钟锻炼,连续10年,体重都维持在相同水平。不自律我就害怕,我有一大堆保持自律的方法,如果你感兴趣,可以找我聊一聊。

把自我介绍聚焦在一个特点上,让这个叫芳芳的女孩立马就有了一张清晰的脸。做减法,只写这一个点,她才有可能更细致地写出那些证明自己自律的具体事件,而具体事件能够让她的形象生动鲜活起来。虽然"自律"这个特点并不代表全部的她,但已经足够被人记住,因此算是一次非常成功的表达。

只写一点,并把这一点写具体或深刻,也是消解平庸流水账的关键。2017年我曾经写过一篇文章，题为《东京街头穿裙子的女人们》，这是我在日本旅行7天后写的一篇旅行文。不同于大多数旅行文的流水账式写法，我没有写吃喝玩乐的细节，也没有花大篇幅写景点，而是抓住了我在日本旅行时一个最特别的发现：日本穿裙子的女生比例非常高。

不管是在地铁还是街角；不管是十几岁的少女，还是看起来六七十岁花白头发的奶奶；不管是独行一人，还是三五成群；不管是上班族还是家庭主妇——她们都妆容精致且迷恋裙装。从这个很小的角度切入，延伸开来，探讨了她们的精致、克制和对生活的热爱。（在本书附录里可以看到这篇的原文。）

如果从记录的角度来看，这当然不能全部概括我的旅行。但**求全是最普通的一种叙事方式**，如果表达的目的是有效触达，那么不妨试试做减法，先把某一点写好。对普通的生活细节的筛选和思考，才是文字表达的意义，也是让这段时光更有质感的方式。未经提纯的生活，就像手机相册里的100张旅行照片，寡淡无亮点，缺少质感。更少一点，就离精准表达更近一点。

找到说服的卡点

在大多数类型的创作中，写作是一个通过信息传递达成说服的过程。每当你举棋不定时，可以问自己两个问题：读者凭什么被我说服？他如果没有被我说服，卡点可能是什么？

学员写了一篇文章，题为《做了无数次计划，为什么你总以失败告终》，开篇是这样的：

> 我们常常做计划。大到年度计划，小到日常计划。懂得利用计划，更好地安排工作和生活是件好事。但这些大大小小的计划，最终彻底执行成功的有几个呢？拿我自己来说吧，新年伊始，我就开始雄心壮志制订各种计划：减肥计划、写作计划、旅游计划、学习计划，等等。总之都是些"从前想做却没做成""曾经想改变还没有改变"的事情。基本不出一个月，要么半途而废，要么没有一个执行到位。不仅仅是我，身边很多朋友也有着同样的困扰。所以，今天想要谈一谈，为什么我经常做计划，却总以失败而告终？以及，如何改变这样的状况。

这段看起来没有问题，也让人很有共鸣。但写作者只写了自己也有相同困惑，并没有写出他自己在做计划这件事上的厉害之处，读者读罢心里可能升起"凭什么要信你"的声音。这就是说服的卡点。如果意识到了这个问题，他就应该知道要在开篇放出最有说服力的例子，比如增加这样一小段：

> 我曾经也是个计划的巨人，行动的矮子，但今年我开始优化自己做计划的方式。年初，我给自己列的3个计划都罕见地完成了：减重5千克，读5本书，每周带孩子去徒步。这些列过很多次的计划，终于没有再夭折。

这样的"结果示例"在读者心中埋下了一颗信任的种子。有了这种基础信任，读者会迫不及待地想看后面的内容，也更容易接受写作者分享的方法。

一旦写作者开始关注"说服的卡点",就会知道,写作是对信息的重新编排。

有位朋友要应聘新媒体编辑一职,但简历投出去后,一直石沉大海。他的简历用的是非常传统的写法,不仅包含所有工作经历,而且基本上平均笔墨:曾任作文机构的课程顾问,电子商务公司的销售,新媒体公司的编辑。每一段经历都介绍得非常详细。

如果要应聘新媒体编辑,那么课程顾问和电子商务销售这两段工作经历几乎是无效信息,因为它们对于说服面试官相信"这是一个优秀的新媒体编辑人选"毫无用处,甚至可能成为干扰信息。这份简历有 2/3 的篇幅都与面试官所关心的点无关,更不要提说服了。

基于说服面试官的目的重新编排信息,他把课程顾问、销售等无关工作经历都缩减成一句话介绍。简历剩下 90% 的篇幅介绍自己曾作为新媒体编辑的从业经历。虽然他曾经在新媒体编辑岗位上干的时间是最短的,但从呈现效果来看,这就是一个具备新媒体编辑工作经验和特长的人选。

一切以说服面试官为目的,他还把原本简历里只有一行小字的一段兼职经历放大了:我是头条号官方认证原创作者,也曾独立运营微信个人公众号,曾在公众号粉丝只有几百个的时候,写出过阅读量上万的文章。虽然是兼职经历,但一切内容选择都应该以说服为目的,这条信息非常好地凸显了他的写作能力,符合招聘要求里"文字基本功扎实"这点。

永远需要思考读者最在意的点是什么,读者如何才能被说服,他可能不会被说服的卡点是什么。**写作时,抓住关键,重新组织信息,就是在创造一个新故事。**

用目标倒推关键点

朋友跟我吐槽他的合作方进度拖沓,并发来了下面的对话:

合作方:合同已经在流程里了,我实时盯着,有需要商量的,我会随时同步在群里。

朋友:咨询您两个问题。①合同早就敲定了,是刚开始走流程,还是已经走了三周?②此类合同,按照惯例,流程大概还要走多久,一周、两周,还是一个月?

能感觉到朋友已经在非常克制地表达不满,看起来他们的合同已经磨了好久,进度有点拖沓。合同流程长本身不会让人气愤,让人气愤的是,对方的表述完全没有体现目标意识,也没有提供关键信息,甚至产生了不必要的沟通成本。

任何一次表达都应该关注目标,在这个案例中,双方的目标肯定是促成合同的最终签订。基于这个目标,沟通的关键点是,我们现在距离目标还有多远。用目标倒推关键点,合作方换个说法可能会让人舒服很多:

合同上周三已经开始走流程了,有一个条款需要法务确认。如果需要修改,本周五之前会有反馈。如果不需要修改,按正常流程走,我们下周一就可以盖章完成。有问题我会及时反馈,谢谢。

只有关注表达的目标而不是停留在叙述现状上，才能使每一次表达都到位，成为受欢迎的沟通对象。

很多人自己说话、做事可以做到清晰、精练，但遇到对方啰唆、没有条理时就很容易被带偏。我有个朋友是自由撰稿人，给很多公司写过文案，下面是她遇到的一个让人崩溃的沟通案例。对方给她发了十几段60秒语音，大概意思转换如下：

> 林林，是这样的，某某平台邀请陈主任开线上直播课。因为主任一直的人设都不是专业的刑事辩护老师，所以我们预计从视频入手，制作一门课程。大概会通过播放一些律师相关的视频片段来输出主任对这个行业和职业的观点。主任会挑选他印象比较深刻的视频片段。
>
> 你看得多也读得多，你有没有合适的视频片段推荐，如果有的话，我们都按照"视频片段与观点输出"的形式发到群里。我们可以头脑风暴一下，从中选出3～4个片段作为课件内容。
>
> 还有一个头脑风暴的主题是预热海报，主任的意思是要吊足胃口。主任现在在开会，我们稍后在群里头脑风暴一下？
>
> 具体开课时间是两周以后，我想尽量提前，尽量于本周五把海报和大纲搞定，这样，下周会有充足的时间调整课件。嘤嘤嘤，辛苦你多提供素材和意见。

上述文字看起来提供了很多信息，但毫无重点，缺乏条理。遇到这样的沟通者，抱怨解决不了问题，也不能寄希望于对方能再清晰地说一遍。更高效的做法是及时拿回主导权。关注双方的目标,关注彼此的需求,以及彼此需要做的事情——这是合作沟通的基本前提。

朋友看完信息后给对方回复了这样一条微信消息:

我梳理一下重点,你看是否准确。

1. 要做直播课,最好于本周五敲定大纲,内容是通过视频片段输出陈主任对行业的观点。

提问:是一节课还是一系列课程?每节课大概用时多久?需要我做的仅仅是辅助素材支持,提供可能有用的视频素材片段,不需要我参与具体内容的策划和制作,对吧?

2. 要出一个神秘、洋气且高级感四溢的宣传海报。

提问:我只需要参与海报文案讨论,不负责最终定稿,对吗?

面对糟糕的表达者和凌乱、毫无逻辑的信息,快速分析,充分掌握主动权很重要。梳理信息时可以关注两个关键点:明确任务的目标和要求,明确权责划分。然后通过"复述确认及主动提问"的方式,就能快速确定自己想知道的信息。

时刻关注目标、关注需要做什么,不被外界环境和别人的表达方式牵着鼻子走,赢得主动权、抓住关键点,才能真正提高沟通效率。

越具体,越精准

写得更少,效果才能更好,但少并不是最终目的,精准和有效才是目的。一味追求少，也有可能会陷入模糊和笼统，致使表达无力。

减少模糊词语的运用，更多使用具体词语和数据，能让表达更精准，提高效率。

"这个项目很急，能不能快一点"vs."这个项目很急，我们的截止日期是 8 月 1 日"。（具体时间比"快一点"，更有敦促作用。）

"请陈小姐负责推进一下这件事"vs."请陈小姐负责推进一下这件事，确保在 3 天内完成，每日下班前写一个进展汇报抄送组内全员"。（把"推进"的做法具体化，就更容易被准确执行，出了问题也能更精准追责。）

"小张，你去做一个运营流程 SOP"vs."小张，你去做一个运营流程 SOP，参考模板我让助理发给你，周五下班前给我"。（对内容标准和时间有要求，才能下达更精准的命令。）

警惕"尽快""差不多""大概""我抓紧"等模糊词语的使用，更多地聚焦在具体时间、目标、负责人、执行标准、反馈方式等方面，可以大大提高沟通效率。

不仅应该警惕模糊词语，还需要警惕受众对同一词语的不同理解。

又到年会季，老板说希望今年的年会办得像家庭聚会一样，既简单又温馨。策划部负责人真的选了一个很小的场地，看起来确实温馨，但老板全程黑脸。年会结束以后，整个策划部门都被批评了。

信息的表达和接收，从来不是单一行为，需要结合更丰富的信息才能精准理解。老板要的"温馨的家庭聚会式的年会"是个模糊的要求吗？在这个例子中，老板本人是非常在意排面的人，往年年会也都办得非常有品位、有质感，并不是农家院风格。如果忽略老板的一贯喜好，一味地追求"温馨的家庭聚会"，就会出现信息理解偏差。

人和人因为专业、环境、信息量多寡、接触圈层不同，对同一个词语的理解有着天壤之别。比如会议邀请信中常见的"请着正装出席"就是一个容易产生认知偏差的表述，有人将正装理解为整套西装，有人理解为不穿短裤拖鞋就可以。为了避免产生误解，表达者需要更精准，做必要的解释。在一次商务会议上，主办方对女士正装的要求是：西服套装（衬衫、外套、半身裙），可搭配领结/丝巾。而另一场教育类沙龙对女士正装要求则是：可选择衬衫和西裤，衬衫和半裙、素色连衣裙等，并附上了一些往期活动图供参考。

面对容易产生认知偏差的模糊表述，信息表达者的适度解释，会让读者产生被照顾的舒适感。更精准，往往也是更周到、更妥帖。

想让表达更具体，除了要避免使用模糊词语，还要摆脱空洞的感慨和感受词，多写到具体的人、具体的事。

比如，"秋天"要怎么写？秋高气爽，天高云淡，一个收获的季节？俗套的空洞感慨显然难以吸引人读下去。关于秋天，这几年我看到的最喜欢的表述，来自一个12岁的女生小丸子，她是著名教育自媒体人三川玲老师的女儿。小丸子写过一篇文章，题为《喜欢秋天的理由》，下面我摘录几段：

我喜欢秋天，因为秋天是我躺在床上，看着奶奶把夏被洗好，晾干，妈妈再把被子叠得像豆腐块，整齐地放进柜子里。

我喜欢秋天，因为秋天是晚饭后出来散步，以为不冷，穿了短裤短袖，结果冷得有点发抖，迫不及待找个店坐下来。

我喜欢秋天，因为秋天是缩在家里和爸爸妈妈一起看电影，看诗句，各类综艺，看的时候会不小心睡着，但没关系，醒了继续。

我喜欢秋天，因为秋天是天气转凉，虽然温度已经挺低了，但还是倔强地买了一个冰激凌，被路人行注目礼。

我喜欢秋天，因为秋天是刚躺在床上要睡觉的时候，觉得被子也好冷，床单也好冷，手也好冷，脚也好冷，但不一会儿就暖和了。

在具体的事件里，秋天的微凉、舒爽、惬意、冷热交替都被形象、精准地勾勒了出来。

写得更少，写得更好，是做减法的艺术，是对抓住关键点、超越模糊和空洞的追求，是对具象的追求。表达精练更是对语言的克制，对读者的尊重。

文章逻辑顺畅的 4 要素

完成精准的信息传递，除了筛选关键内容，还需要在内容呈现方式上做到有逻辑、有条理。一个有逻辑的人，总是能从没头绪的思考中解脱出来，把文章写得清爽、利落、有序。写作的逻辑看似复杂，其实只需要做到4点即可：不重复、有详略、按顺序、能自证。

不重复

前面提到了《做了无数次计划，为什么你总以失败告终》这篇文章（见第94页），它的内容框架是这样的：

1. **分析原因**：①计划前缺乏深度思考，导致内驱力不足；②计划内容与自身能力不匹配；③没有及时复盘。

2. **行动方案**：①主动挖掘自我深度需求，明确目标；②计划不要定得过满，以伸伸手就能够着的为首选；③定期复盘尤其关键。

上述内容框架看起来结构清晰、条理分明。但仔细观察不难发现，其中包含大量重复的内容，同样的内容只是换个说法再写了一遍。比如原因分析里提到了复盘，行动方案里也提到了复盘，虽然具体内容有差别，但是重复叙述相似的内容，会减少整体信息量。

修改方案是把整篇文章分为3个部分，然后把每个部分的原因分析和行动方案合并，避免啰唆，使信息传递更聚焦。

重复表达可能不是故意为之，常常是由于写作者浑然不觉。 写作者要始终保持对相似内容的警惕，尤其在修改文章时需要着重检查。不易察觉的重复还经常在讲故事、举例子时出现，以为讲了多个故事，本质上只讲了同一个类型的故事。这既会导致信息冗余，又会因为缺乏层次，导致论证无力。

在一篇写"防疫工作日记"的新闻通报稿里，写作者写了在

密集进行核酸检测的日子里,工作人员是如何舍小家顾大家、全情奉献的。她的原稿选了这样 3 个故事:

1. 孩子高烧,依然留孩子独自在家,自己奔往核酸检测一线,连夜奋战的男领导。

2. 儿童节,放弃陪伴孩子,依然赶赴一线的护士长。

3. 放弃照顾家庭生活,选择做义工的志愿者。

这是 3 个放弃的故事,前两个故事主人公的职业虽然不同,但都是因为工作而放弃陪护孩子的父母,两个故事稍显雷同。由于意识到了重复,改稿时写作者换掉了第二个故事,因此最终的故事层次是:

1. 孩子高烧,依然留孩子独自在家,自己奔往核酸检测一线,连夜奋战的爸爸。

2. 5 月 20 日,放弃与男朋友庆祝纪念日的女护士。

3. 放弃照顾家庭生活,选择做义工的志愿者。

这样三个故事,没有重复,人物身份更丰富,代表的人群更广泛,故事更有层次,情感表达也有了更多共鸣点。

写作的深度首先依赖于丰富的信息层次,但丰富并不等于重复。只有擦亮眼睛,才能警惕那些隐形的重复。

有详略

写作是对信息的精心编排:哪些内容是重点,应该占比较多的篇幅，重点展开；哪些部分是铺垫、引子、过渡，只需要简单提及即可。详略得当、主次分明是最简单的写作逻辑，但写作者在写的时候往往分不清哪些应该详写，哪些应该略写。

围绕核心观点，布局内容

学员蓝蓝写了一篇文章，题为《一直被父母PUA的我，是如何一步步走出来并最终与自己和解的》，文章的核心意思是父母对她一直百般挑剔、嫌弃，即便她在很多方面都做得很好，父母依然是以批评教育为主，很少肯定她。

文章的开篇是这样写的：

> 周一下午收到我妈微信，她打算带我弟来北京看病。快速帮他们买好车票后，我先是跟合租室友沟通好，接着把房间、客厅、厨房、卫生间里外都打扫了一遍，准备好拖鞋、毛巾、牙刷等洗漱用品，在美团买菜上预约好第二天的食材。此外，担心他们看不懂导航软件，我手绘了地图说明路线；担心他们找不到公共区域里的我的物品，提前把家里各处拍好照片并用红框做好了标注。虽然当晚做完这些准备工作时已经是凌晨一点了，但我心里很踏实，想着我已经准备得这么充分了，第二天自然可以没有顾虑地安心上班。
>
> 事实证明，我还是太天真，因为我妈永远不会按照我的安排去做。一大早，微信消息不断：小区在哪儿？家在几楼？门牌号多少？盐在哪儿？油在哪儿？冰箱里哪些东西是你的？牙刷在哪儿？肥皂在哪儿？一系列琐

碎、重复的问题朝我袭来，并且其中99%的问题我都已经提前告知她了。

接下来发生的一件事又让我傻眼了，当天回家路上内心还有点期待，毕竟也有一段时间没有见到家人了，买的菜合不合他们胃口呢？房间住得舒不舒服呢？准备的洗漱用品有没有用上呢？刚到家，吐槽就来了，"你住的地方怎么这么脏？给你打扫了几个小时的卫生"。我傻了，明明昨天晚上才打扫的卫生，而且我个人是有点洁癖和强迫症的，实在无法理解她究竟何出此言。我想她可能就是习惯了带着挑刺的眼光看我以及我周围的一切。这就是我家的相处模式。

单独看，这个开篇虽然细碎，但是把家庭相处中的窒息感描绘得还算形象生动。文章的每个部分都需要为整体服务，都要服务于核心主题。这篇文章整体要表达的是父母对自己的挑剔，但这个开篇却包含了两部分内容：我的精心准备；妈妈对卫生的挑剔。围绕核心观点布局内容，很显然，"精心准备迎接家人"这部分和主题的关系不大，应该略写，缩减字数，甚至一笔带过。

修改后的文章开篇是这样的：

周一下午收到我妈微信，她打算带我弟来北京看病。虽然我对于要和父母相处很发怵，但还是快速帮他们买好了车票。之后我先是跟合租室友沟通好，接着把房间、客厅、厨房、卫生间里外都打扫了一遍，准备迎接他们的到来，毕竟也好久没见面了。

果然，想象中的温馨场面没有出现，吐槽却如约而至。下班刚到家,就迎来我妈劈头盖脸的指责:"你住的地方怎么这么脏?给你打扫了几个小时的卫生。"我傻眼了,明明昨天晚上才打扫的卫生,并且我个人是有点洁癖和强迫症的,实在无法理解她究竟何出此言。我想,她可能就是习惯了带着挑刺的眼光看我以及我周围的一切。这就是我家的相处模式。

把"精心准备"的部分极度缩减,快速铺垫后直接进入母亲的吐槽,让文章快速进入正题。精心准备的部分虽然是不错的细节,但只能说明自己是个认真的人,无法说明写作者跟父母的相处模式,所以不用详细展开。

写文章的核心是表达观点,所有内容布局和情节展开,都应该围绕核心主题。看似简单的道理,之所以难做到,通常是因为写作者内心缺少布局意识,习惯了随性而写。**写作虽始于灵感,但需终于逻辑,否则就是一盘散沙,灵感也得不到最好的诠释。**

故事和方法重点写,情绪和感慨次要写,背景、铺垫、引子等一笔带过

以让读者共鸣为目的的情感文,故事是重点;以传递信息、知识、经验为主的干货文,方法是重点。无论是哪种类型的文章,重点部分都要占到文章70%以上的篇幅。因而要学会压缩文章中抒发情绪、感慨、感悟等的篇幅,警惕乏味、矫情的空洞呐喊。

开篇的背景介绍、铺垫、引子、前情提要等要尽量一笔带

过,不必过度解释,否则就会容易出现拖沓和喧宾夺主等问题。如何既克制又热烈地表达情感,详略得当地编排故事情节,本书第 4 章会介绍更具体的方法。

并列的故事和论据,尽量保持比例平衡

比例协调也是确保文章有逻辑的关键。文章里如果有并列的 3 个故事或 4 个方法,它们的篇幅应尽量保持一致。如果一篇文章 3000 字,讲了 3 个故事,字数分别是 1300、1300、400,那就会致使比例明显不协调,并最终导致表述重点产生偏差。

写作是对信息的重新组合。明确目标、分清主次、大胆取舍、统筹比例,个个都很关键。心中有逻辑的写作者永远都在排兵布阵,谋篇布局。

按顺序

逻辑化本质上就是结构化,更简单来说,就是按照某种顺序来表达。表达的逻辑顺序有很多种:可以按时间顺序,也可以按空间顺序;可以自上而下、自下而上;可以从整体到部分,从结果到原因,从概括到具体,从现象到本质,从做法到想法;也可以先总结再论证,或者先论证再总结,等等。

这些顺序本身并不是新知,写作时可以选用任意一种结构顺序,但最关键的点是:选择其中一种顺序,不能多种顺序混用,且选定后不要中途突然决定换用另一种顺序。

没有逻辑的人往往会不自觉地使用跳跃性思维,跟这样的人聊天就像打地鼠,很容易陷入混乱。比如"我昨天和朋友去看电

影了"这件事，按完整时间顺序讲述可以是：

> 我们先去喝了奶茶，然后去看电影，看完电影去吃晚饭。

如果只截取某个时间片段，就可以这样写：

> 我们从电影院出来，两个人对电影的感官评价差别很大，我给电影打了10分，但他却在中途睡着了，我们就什么是好电影展开了激烈的讨论。

这两种表述都没问题，都是按时间顺序写的。但如果夹杂多种顺序，就会出现跳脱式表达：

> 昨天看电影的体验真的太糟糕了，他竟然在中途睡着了，我俩吵得不可开交，最后晚饭也吃得很不愉快。对了，别的不说，奶茶真好喝。我俩到了之后还没到时间，先去喝了奶茶。没想到新出的季节限定口味还不错。但是，这部电影真是无法评价，以后再也不跟他看这类电影了。

在时间线上跳来跳去，一个没说完又跳到另一个。如果一直跳来跳去，最后的表述会变成一种为了说话而说话的"碎碎念"。

思维跳跃的另一个表现是，说话没有主题，答非所问，随意发挥。

朋友打算带娃去某个游乐园玩，去之前她想问问去过的朋友，游乐园是否值得去。"那个游乐园，带娃去好玩吗？"

> "我们昨天路上坐了3小时车,回来还堵车了,真郁闷。那边游泳池的水好凉。小孩子太调皮了,不好好吃饭,总是跑来跑去。不过它那边酒店的自助餐还行。"

答者没有直接回答是否好玩,而是在各种信息中跳来跳去。关键问题在于讲述没有顺序,想到哪儿说到哪儿。更有逻辑的回答应该是先主再次,先回答关键问题,再提供辅助信息。比如可以改成:

> 整体挺好玩的,游戏和模块设置很符合小朋友的喜好,孩子玩到不想回家。酒店环境和自助餐水平都还不错,整体体验下来比较舒适,适合亲子共游。不过美中不足的是:交通不便,来回大堵车;游泳池的水很凉;我家孩子太调皮,老母亲心有点累。

想让庞杂的信息看起来更有序,如果无法确定按哪种顺序表述,用关键词分类法也是很有效的方法。

同样是讲衣橱收纳,有下面两种写法:
写法1

> 如果挂衣区足够,尽量把衣服都挂起来,这是让找寻和拿取衣物最方便的收纳方法(收纳方法)。衣架要统一且材质要好(工具选择),那些干洗店拿回来的,或者买衣服时送的衣架都要淘汰掉。毛衣容易变形,应该叠好收纳到柜子或者收纳盒里(收纳方法),收纳盒还可以放T恤(工具选择)、挂不下的牛仔长裤和短裤、围巾和丝巾、睡衣和内衣。注意,衣服要叠成长方形后竖向

放置（叠衣服方法），这样不会因为拿其中一件而搞乱其他衣物。收纳盒选择抽屉式的（工具选择），可以叠放且方便拿取，还可以在最上面放置一个敞开式的收纳盒，以存放小件物品，这样，空间得以被充分利用（收纳方法）。如果区域和抽屉较多，可以贴标签区分（工具选择）。收纳好之后，要养成物品归位的习惯，否则要不了多久就会回到老样子（收纳习惯）。

如文中标注，这段文字把收纳方法、工具选择、叠衣服的方法、收纳习惯等几方面全部混在一起写，且没有按任何顺序，一直在跳脱，导致表达细碎、啰唆。其实只需要先对内容做分类，按照内容类别逐个展开来写，就会使逻辑立马清晰起来。

按内容类别表述是写作者能用的最简单的逻辑顺序。

除了使用常规的分类方法，还可以通过创造关键词来分类。比如同样是写收纳，还可以有这样的写法：

写法2

　　我最近在给衣橱换季。不擅家务的我，今年终于摸索出了快速、省力、清爽的收纳方案，可以总结为3个字：分、挂、贴。

　　分　衣柜分为当季衣柜和过季衣柜，且不同家庭成员的衣服分柜存放，这样不管是换季，还是日常找衣服，都很方便。过季衣柜内部也分区，外套、衬衣、裙子在挂区，裤子在一起，剩下的内搭、上衣、小零碎统一叠好放百纳箱。（换季问题，立马搞定。）

　　挂　只要有空间，所有衣服全部挂起来。既省空间，拿取搭配时也一目了然，不用翻来翻去。而且，洗完不用叠，可以直接从阳台移至衣柜。

贴 换季小零碎最难找，不妨分类装好，贴签，分包放入百纳箱。这种方法非常实用，从此不再害怕队友的夺命连环问"我那件啥啥在哪里……"。

写下来才发现，都是些平平无奇的方法。但仅用一两个小时就能轻松完成换季衣橱整理，很高效。

这种写法没有按照传统分类方式，而是基于自己的总结，按关键词分类法来写。这样既显得逻辑清晰，又凸显了写作者的独立思考，内容也有了创新性。

关键词分类法，不仅适用于信息传递类文章，对于容易写成流水账的故事类文章也适用。比如有学员写了篇题为《微笑印度》的旅行文，写她在印度遇到的 5 种难忘的微笑；还有人以"囧途"为关键词，写了自己在旅途中遇到的各种糗事。我也用类似方法写过一篇题为《我在日本旅行中的 6 件奇葩小事，竟被盛赞"最别致"》的文章，虽然我细数了很多事，但用了"奇葩"这个关键词来串联，整体上依然有一种很强的条理性。我在文章中写了这样几件事：

1. 避开人潮，走过日剧女主角的一生——写了某一天的特别的行程。

2. 住了五星级酒店，也住了只有 2 平方米大的小房间——写了旅行期间住的几种不同类型的房间。

3. 给我一个相机，民宿房间也能安排一天行程——写了在民宿拍照、自娱自乐。

4.为了写文章,熬到下午5点才吃上第一顿饭——写了旅行中遇到大雨时索性窝在家里写文章。

5.冒着赶飞机迟到的风险,也要体验日本网红餐馆帮厨——异国旅行中短暂而特别的打工经历。

6.每天2万步,回家还要听课——写了一边旅行一边学习。

这些事如果按时间线来写,虽然也有顺序,但内容会过于琐碎。按照"奇葩"这个关键词来梳理,表达因为有序而清爽了不少。

形式上的秩序感,在一定程度上也是内容的秩序感。 写文章和家居收纳的核心思想是一样的,如果把30件衣服全部堆在衣柜里,就会显得凌乱,但如果按不同类别收入3个收纳筐,衣柜就会立马显得井井有条。

如果思考和表达都遵循一定的顺序,文章就会变得有条理、有逻辑。

能自证

表达本质上都是说服,逻辑思维能力较强的写作者通常更擅长自我论证。

讲道理要举例子。为了让论证更深入,提高说服力,要找到更多证据,可以是理论依据、事实案例、数据支撑,等等。论证的角度越多元,说服力就越强。

正反举例是最常见的方法,比如一篇写家庭教育主题的文章:A家庭一直用物质奖励,但有效性很短,停止奖励后,孩子的学习兴趣甚至出现了负增长;B家庭一直拒绝物质奖励,采用了其他的激励方式，在同样的事情上有更好的效果。正反对比，论证会更清晰。

下判断要说原因。写书评推荐一本书：这本书是一本启迪智慧的好书。要说明它为什么好？哪些细节说明它很好。写文章分享 3 个职场沟通方法，要说明这 3 个方法分别是什么，为什么这 3 个方法很好，有哪些例子说明它很好。写自己难忘的 30 岁，要说明 30 岁这一年是怎样的一年？有什么关键词可以形容这一年？为什么用这个关键词形容？有哪些例子说明了 30 岁就是这样的。诸如此类。

文章的形式千变万化，表达的场景也有细微差别，但**有逻辑的表达都需要满足这 4 个要素：不重复、有详略、按顺序、能自证**。这既是写文章的方法，也是写作者自审时的验证指标。

日常训练逻辑表达能力的小习惯

逻辑训练不是一日之功，这里和大家分享几个日常训练的小习惯。

列大纲，用笔代替脑来思考

没有人能永远做到思路清晰。习惯列提纲，用笔头功夫代替一部分大脑，边写边思考是一种很好的训练方法。

想不清楚的时候，先试着把已经想到的写下来，往往写着写着就清楚了。也可以把想法画下来，哪怕是用只有你自己能认识的潦草符号，也有助于将抽象的想法具象化，使你更容易找到线索和突破点。

分条写，写 3 个

写作时的数字提示，会给读者一个清晰的逻辑线。经常用第一、第二、第三、第四这样的序数词，也会倒逼自己把混乱的信息梳理清楚。如果担心啰唆，可以每次写 3 个，不多不少，多了读者记不住，少了没力度。比如，这件事能不能找出 3 种原因，这个方案能不能解决 3 个问题，这个新版本能不能至少找出 3 种测试对象，这个观点能不能找到 3 个不同类型的故事来佐证，等等。

学会分类

面对庞杂的信息，快速梳理出逻辑的第一步是尝试分类。多分类，习惯分类，从很多维度去分类。如果实在分不出类别，可以用前面提到的创造关键词的方式来分类。

刻意使用关联词

关联词，是指连接分句、标明关系的词语。常见的关联词包括表示转折关系的"虽然……但是……"等；表示假设关系的"如果……就……"等。表示并列关系、递进关系、选择关系、因果关系、条件关系、承接关系的关联词也有不少。尝试多用关联词，会促使你展开更有逻辑的思考。

4 个万能结构模板

写作就是用一个清晰的结构把要表达的信息有机地组织起来，这是一篇文章的骨架，也是让文章言之有物的关键。好的结构能让读者在阅读过程中不断收获惊喜，获得美好的阅读体验。

文章有很多种类型，但如果从写作目的的角度来看，写作者只需要掌握 4 种最底层的逻辑结构即可。这 4 种结构分别是：故事文的吸引力逻辑、观点文的说服逻辑、经验文的解惑逻辑、沟通文的信息传递逻辑。

故事文的吸引力逻辑

生活中真实发生的事通常最能触发写作冲动，"叙述故事＋发表感受"是最基本的写作逻辑。想把一件很普通的事写得耐人寻味，根据不同的故事内容，有两种叙事逻辑。

成长故事　生活中发生的一些与成长和变化有关的故事，都很值得写下来，比如经历了艰难的备孕和生娃，最终在生育这件事上明白了很多道理；经过了辞职、迷茫、寻找，最后找到了热爱的事业；和伴侣不断地争吵、调整，最后改善了亲密关系；在考某个证书的过程中，虽然经历了艰难和挫折，但最后还是完成了；常年体重超标，终于决定减肥，经过不懈的坚持，终于减肥成功。

日常生活中，看得见成长、有变化的素材都能写进故事里，而且这类故事很值得写，但也最容易因为过程细节太多，导致不知从何写起。无法取舍，最后就变成了流水账。想让这类故事更有逻辑、更吸引人，可以用基础的成长文模板。

> 成长文模板＝背景铺垫（略）＋转折事件（详）＋行动改变（详）＋事件结果（略）＋感悟升华（略）
>
> 我减肥成功了　常年肥胖，常常减肥常常肥（背景

铺垫）。体检报告提示各项指标超标，实际年龄 30 岁，身体年龄 50 岁，决定奋发图强（转折事件）。调整饮食，报名健身私教，认真锻炼（行动改变）。终于减重 7.5 千克，回到 20 岁时的体重，身体变轻盈（事件结果）。身体轻盈，灵魂都轻盈了（感悟升华）。

使用这个模板的关键是要注意详略得当，把重点放在改变的过程，而不是结果上。改变过程中有众多事件，应该如何选择关键情节，如何让感悟升华更有力，关于这些内容，本书第 4 章会有更详细的讲解。

学习感悟故事　如果是写学完某个课程、读完某本书、看完某部电影之后的感受，可以用学习感悟模板。

学习感悟模板 = 源起（略）+ 学习内容（略）+ 顿悟（详）+ 行动改变（详）+ 感悟启发（略）

在写这类文章时，写作者很容易把重点放在学习内容上，变成对内容的复述。更优质的逻辑结构应该把重点放在学习后的顿悟和行动改变上。结合自己生活中的具体情况来写，而不是仅仅停留在对学习内容的复述和感性评价上。

观点文的说服逻辑

写作目的是说服目标读者的文章，都可以统称为观点文。不管是对生活现象发表观点，还是在项目汇报中表达自己的想法、说服领导，只要目的是说服，就都需要用到说服逻辑，让论证环环相扣，有理有据。

以工作汇报为例，常见的说服力平平的讲述逻辑是流水账式复述：做了一件什么事—完成这件事的过程是怎样的—克服了什么困难—取得了什么结果—请领导指示。这种逻辑容易陷入对全过程的繁复讲解，导致内容没有重点。能够超越读者的期待，更有价值的说服力表达模板有两种：**单刀直入型；循循善诱型**。

单刀直入型模板＝结论（略）＋关键事件（略）＋克服困难（详）＋总结反思（详）

先说结论，再举例论证，这是最基本的说服逻辑。但要想写得出彩，使用上述公式的关键点有两个：不详写全部过程，只选关键事件；注意详略划分。能把事情做好，是初级影响力。能够从事情中总结出方法和提出自己的想法的人，才会有真正的观点表达，有观点才能建立更深层次的说服，才更值得信赖。

下面拆解一下这个公式的用法：

- **结论** 基本上所有的汇报都是结论优先，取得的结果是领导优先想知道的，所以要放在最前面。结论要有关键数据支撑。

- **关键事件** 陈述关键事件是避免把汇报讲成啰唆的流水账的重要步骤。做了很多事，但对结果有关键影响的关键事件，才是汇报的重点。其他事件忽略不提或一笔带过即可。能从众多事件中找到关键事件本身就是写作者的甄别和判断能力的体现。

- **克服困难** 克服困难、解决问题的能力是一个职场人的关键能力。在汇报时应详细阐述自己克服了哪些困难，是如何解决问题的，解决问题的思路是什么——这是展现自己解决问题能力的最好方式。应该把重点放在解决问题的思路上，略写困难和问题。

- **总结反思**　汇报的最后都要写总结反思，但通常大家会认为这部分不重要，用的笔墨也是最少的。常规写法是，要么套路地说"虽然有成绩，但我们也有不足，后面一定会继续努力加油"，要么就是在成绩不好时进行纯粹的自我批评："我们对困难的预估不足，进度没有把控好，后面要好好优化流程，好好反思总结，一定不再犯类似的错误。"从套路化的口号和纯粹的自我批评中，都无法提炼出真正的观点，而且这样的反思毫无价值。反思要有务实且深刻的真思考。

更有说服力的反思通常包括 3 个方面：经验、教训、高维思考。

- **经验**　针对做得好的方面，提炼出做事的通用方法论。比如，一直做 ToC 业务的销售经理，临时要去开拓 ToB 的大客户，最终经理带领团队谈下来了第一批大客户，创造了业绩，也积累了一些经验。在这种情况下，汇报的总结部分就不能只展示成单方法或技巧。如果能进一步提炼通用做事思路，思考大客户与 C 端用户的区别、大客户销售的关键点、新业务的新标准和新流程等，就能让汇报更优质、更有影响力。
- **教训**　针对做得不太好的方面，也不能仅仅是负荆请罪式的自责，而应该深刻分析原因，并提出后续可行的改进方案。停留在自责层面的表层思考，没有价值。

- **高维思考** 跳出这个项目本身，更多地站在领导的视角展开前瞻性的思考。这种高维思考，能给领导提供更多有价值的信息。这类思考有最好，但不必强求。

循循善诱型 如果不想用单刀直入型模板，你也可以尝试循循善诱型。

循循善诱型＝提出问题＋分析问题＋亮明观点

比如，要写一篇分析当下年轻人婚恋状态的文章：《为什么越来越多的年轻人选择不婚或者婚后丁克》。

- **提出问题** 通过故事和场景化的现象提出生活中的问题，引起读者好奇。
- **分析问题** 挨个分析表面原因和本质原因。表面上是因为生活成本高，养孩子很花钱等，本质上可能是因为对婚姻不自信，或者社会更加崇尚自由之后，婚姻不再是必选项，又或者现代年轻人更自我，不易被世俗压力影响等。这部分可以用不同的故事或事例来例证。常用的论证逻辑是正反对比论证和层层递进论证。
- **亮明观点** 最后提出观点，给出可能的建议、方法等。

经验文的解惑逻辑

初级解惑 上一章提到过，把某方面的专业知识、技能、经验等写成经验分享文，最重要的是要让读者感觉某些内容"与我有关"。经验文写得好的关键是，站在帮读者解决某种困惑的角度写文章，而不是传授知识的角度。比如，你想写一篇职场经验类文章，题为《职场新人如何快速融入团队》，这时如果直接介绍过来人的方法，可能会过于生硬，如果用初级解惑逻辑来写，文章则会更"与读者有关"。

经验文初级解惑模板 = 提出问题 + 分析问题 + 解决问题

- **提出问题** 写一些职场新人在融入团队的过程中，可能会有的问题、疑惑和令人焦虑的方面。
- **分析问题** 分析上述这些问题产生的根本原因有哪些。
- **解决问题** 提出解决问题的方法。

这样的结构，简单清爽，不拖泥带水。

高级解惑 如果想让经验文写得更吸引人，可以在初级解惑模板的基础上增加两个关键部分：写作者的经验；行动卡点分析。

经验文高级解惑模板 = 你的问题 + 我的经验 + 分析问题 + 行动卡点 + 解决方案

- **你的问题** 通过对读者的洞察，写出读者在某个问题上可能遇到的问题、困惑。
- **我的经验** 在分析问题之前，通过阐述写作者的经验和取得的成绩来吸引读者，在读者心里埋下一颗信服的种子。
- **分析问题** 分析问题和困惑产生的原因、界定和澄清一些关键概念，然后提炼出自己对这个问题的认知和理解。

- **行动卡点** 虽然某些方法很正确，但读者在行动过程中有很多实际的卡点。对这些"知道但做不到"的行动卡点进行分析，不仅能让写作者提出更实用、可执行的方法，也能避免方法脱离实际。
- **解决方案** 给读者一个可以马上执行的全套的解决方案。同时再给读者一个具体的行动指令，提示读者可以立马去做一件事。最好是一件只需要花费低成本就可以启动的事。**让读者开始行动，是最重要的。**

我有位朋友是商业插画师，但她不是科班出身，也是从零基础开始学的。很多人问她是如何学习画画这项技能的，有什么方法和经验可以分享。她想写一篇文章，题为《零基础小白如何开始学画画》，但苦于不知道从何讲起，又怕讲画画的方法太枯燥，仅凭一篇文章说不清楚。插画师朋友的这篇文章，非常适合套用上述模板。

- **你的问题** 开篇从读者的问题、困惑入手。

  这篇文章的读者是想学画画的小白，他们通常会遇到哪些问题和困惑？比如，小白是不是往往无从下手？小白会纠结怎么选课，很多小白是从小就有画画梦但一直没开始，等等。第一步先摆出问题、困惑，让读者在心里喊出：哇，你说的就是我的问题，你很懂我，那我倒要往下看看，你怎么解决我的这些问题。

- **我的经验** 说出自己的故事。

  提出问题后，先不要着急分析问题、给方案。先阐述写作者的经验。"我自己本身就是零基础小白，最初连铅笔型号都认不全，从小也没学过任何画画课。但我坚持每天画画已经 2 年了,现在是一名成熟的商业插画师,可以靠画插画养活自己。"

与读者起点一样,就跟他们站在了同一个立场上,也暗示了彼此懂得和路径复制的可能性。"我是一个专门教画画的老师,我教过的学生超过 1000 人,都是从零开始带。零基础学员的所有问题我都知道。"

这是另一种说服例证。说出自己的故事,建立信任基调,是讲方法之前的重要铺垫。

- **分析问题** 勇敢下定义。

  真正厉害的人,都有自己对事物独特的理解,都是勇敢下定义的人。透过表象,说出关键点,给关键概念下定义,是更有影响力的观点表达。经验文的重点看似是分享方法,但更高级的写法依然是表达观点。如何通过给概念下定义来表达独特的观点,本书第 3 章将有详细讲解。

- **行动卡点** "知道但做不到"才是读者最大的难点。

  大多数经验分享文,容易写成真理复述和成果展示。如果文章只停留在"什么是对的"上,无法为读者提供行动抓手,就不能算是一篇好的经验分享文。"小白应该多画":做不到多画的卡点是什么?是不知道画什么,还是因为画得很差而没有继续画的动力?"画画最重要的是坚持":都知道坚持很重要,但就是很容易半途而废。怎么解决半途而废的问题,是树立合理目标,是摆正心态,还是找到一起坚持的伙伴?

  这一步应把焦点放在读者的行动上,帮他解决拦路虎。对关键卡点的解读，源于写作者丰富的经验，也代表写作者能对读者抱以真正的关心和理解。

- **解决方案** 给出实用的方法。

  解决方案应避免存在以下问题：方法太老套了，读者基本都知道；方法太含糊，不具备可操作性，看完还是不知道如何去做。按照高级解惑模板，增加对行动卡点的分析后，通常给出的解决方案不会有这两种问题。有更高要求的写作者还可以先把文章拿给潜在的目标读者看，主动收集反馈，比如方法是否实用？看了能不能马上开始？寻求真实反馈很重要，经验文的写作不能脱离实际。

虽然从结构上看，高级解惑模板中的方法部分进入得有点晚，但在实际的写作中，你可以根据情况调整各部分篇幅，让前面的铺垫不要过长。尤其是在阐述写作者经验这部分时，要选择最关键的故事情节，避免长篇大论。

在写像"我懂你不懂，我有你没有"这样的经验分享文时，可以用高级解惑模板。

沟通文的信息传递逻辑

除了上述三种类型的长文章，生活中基于信息传递的常规沟通，也离不开逻辑应用。表达有逻辑，所传递的信息会更清晰、全面、严谨，避免出现遗漏、重复等问题。

相关的逻辑结构有很多种，这里简单介绍三种最常见的。

5W2H：让信息传递更全面，无遗漏

- What——是什么？
- Why——为什么？
- Who——谁来做？
- When——什么时间？
- Where——在哪里？
- How——具体需要怎么做？
- How much——有什么价值？

这个框架很适合用来写邀请信，可以避免遗漏重要信息，使表达更周全。比如邀请某位重要客户参加公司的活动：是什么性质的活动，为什么邀请对方，都有谁参加活动，具体时间，具体地点，需要对方做什么，参加活动有什么价值。

3W2H：适合简单的项目汇报

- What——做什么？
- Who——谁来做？
- When——什么时间开始，什么时间完成？
- How——具体怎么做？
- How——怎样才算做好，评估标准是什么？

既适用于下属向领导汇报方案，也适用于上级询问下级工作完成情况、把握项目关键点。对于3W2H，还有另外一种解释，适用于修改方案、改进流程或规则、改善行为习惯等。

- Why to change——为什么改变？
- What to change——具体要改变什么？
- What to change to——改变成什么样子？
- How to change——怎样改变？
- How to continually change——怎样保证持续变好，有什么机制？

MECE 法则：做无重叠、无遗漏的分类

MECE 是英文"mutually exclusive，collectively exhaustive"的首字母缩略词，中文意思是"相互独立，完全穷尽"。在用这个法则对年龄进行划分时，20～30 岁，30～40 岁，显然是有重叠的，要实现无遗漏地穷尽，应该将年龄划分为 20～30 岁，31～40 岁。如果想要覆盖全年龄段，还应该包括 19 岁及以下和 41 岁及以上。

穷尽的方式也适合做分类。比如，孕妇在产前要准备各种待产用品，因为东西很多很杂，很容易遗漏或重复。这时候就可以启用穷尽分类法。比如先分为妈妈用品和宝宝用品，按人分；然后每个人下面再根据使用场景分：吃、喝、洗护、食物、衣物等。先尽量地把分类穷举，再根据分类进行细化，最后检查有无重复和遗漏。这样就能最大限度保证全面，把握整体。

> **本章追问锦囊**
>
> 开启自我追问，让信息精准触达。
>
> - 有哪些关键信息/事实能帮助我更好地为读者提供价值？
> - 我以怎样的逻辑结构来梳理信息才能让读者更有兴趣看？

> **边学边练**
>
> 请用经验文的解惑模板,写一篇你的某个技能/经验/特长的分享文。
>
> 优先考虑从帮读者解决某种困惑的角度来写,而不仅仅是从传授知识的角度,想办法让文章与读者有关,且能吸引读者不断看下去。
>
> 初学者可以用初级模板,如果你有写作经验,可以试着挑战高级模板。写作时可以参考本书绪论第 3 节的方法,按照 5 个步骤,可以不慌不忙地写出一篇文章。本章中的模板框架是 5 个步骤中的第 3 步。
>
> _____
> _____
> _____

[第二部分] PART 2

观点层
提供思考价值,写得深刻独特

第 3 章
CHAPTER 3

有观点
从平庸到深刻，让表达更有力

超越事实和感受，提出观点

你是否知道自己想表达什么

- 明明有很多想法，写了两行就写不下去了，怎么也写不清楚，越写越乱。
- 写出来的内容不是心中所想，不能准确地表达自己的所思所想。
- 文章或平淡乏味，或啰唆冗长，连自己都读不下去了。
- 好不容易写完了，但读者读后反应冷淡，甚至反问一句"你到底想表达什么"。

心中想法奔腾，下笔没得写，你是否也有这样的困扰？文章不清楚、不精练、不深刻、不生动，这些困扰我们的写作难题，看起来是与逻辑能力、思考能力、讲故事水平、修辞水平和文笔等不达标有关，本质上是因为想法的混乱。

想得清楚，才能写得明白。写得明白，是说服读者的前提。但很多时候，写作者自己也不清楚自己要表达什么。写作时思路混乱，常常是因为混淆了三个概念：事实、感受、观点。

看完电影《少年的你》，你哭花了脸，内心很受触动，但又说不上来是因为什么触动。想写文章，但思路非常乱。让人哭花脸的，既有电影情节和一并勾起的现实事件闪回，又有"同情""共鸣""唏嘘"等感受。同时你也可能在思考"如何避免校园霸凌""一个女孩该怎样长大"等问题，心中隐隐有自己的观点浮现。**表面上的感慨万千，其实只是事实、感受、观点的混杂。** 未经梳理的想法，都是模糊的，不具体也不深刻，你甚至都无法捕捉到它们是否存在。

一闪念的想法就像一颗种子，种子需要有充分且适合的土壤、阳光、水分和营养，才能爆发出生命力，最终长成参天大树，想法也需要经过系统的梳理、酝酿、追问，才能形成清晰、有力的观点。梳理想法，首先要理清楚哪些是事实，哪些是感受，哪些可以被提炼成观点。如果不经区分，随心地写下来，很可能只有空洞感受，没有事实依托；也可能把单纯的感受当观点，使文章流于平庸；甚至可能只停留在事实层面，没有提炼出任何独特的观点，最终使文章看起来很单薄。

事实很好理解，真实发生的事、从书籍和影视作品中看来的故事、行动的过程、做事的方法、具体的信息等都是事实；感受是写作者的情绪，包含开心、痛苦、焦虑、愧疚、庆幸、佩服、难忘等，是一种内在的直接抒发；观点是围绕某个主题，基于事实和感受的提炼总结，是价值观判断，能为读者提供思考价值。

当读者问"你到底要表达什么"时，本质上是因为写作者停留在描述事实或抒发感慨层面，而没有提出自己的观点，即没有提供思考价值。当写作者问自己"我到底要表达什么"时，也是要进入观点思考层面。

朋友在 3 个月内瘦了 7.5 千克，减肥成功的她决定写写自己的减肥故事。她在文中一一细数了自己为什么下定决心减肥，减肥的 3 个月都吃了什么、练了什么、养成了哪些习惯，减肥成功后的她是多么开心，感觉看到了一个全新的自己。这原本是个很励志的故事，但 6000 多字的文章被她写得细碎又啰唆。

我问她："你到底想表达什么啊？"她很苦恼："我写了这么多，还没表达清楚吗？我就想说我减肥成功了，瘦下来的人生太棒了。"很遗憾，"减肥成功"是事实，"太棒了"也仅仅是感慨。她的文章里没有观点提炼，读者自然不知道她要表达什么。

3 个月瘦了 7.5 千克，都吃了什么、练了什么、养成了哪些习惯——这些是事实，仅为读者提供了有限的信息价值。如果信息是零散的，类似想到哪儿就写到哪儿的流水账式记录，那么文章有可能连事实层的写作标准都没有达到。

不妨想办法在事实和感受的基础上提炼出明确的观点、态度、主张。"瘦下来的人生太棒了"：为什么瘦下来这么棒？身体胖瘦对应的两种人生的关键差别是什么？减肥成功后，对减肥这件事有什么新的认知吗？关于减肥或者更棒的人生，有什么自己的观点？或者你认为减肥成功最重要的因素是什么……

经过这样追问，写作者的价值观判断才有可能浮现出来，形成一个个观点，比如减肥最重要的是重新塑造所有的习惯；自制力是减肥成功的决定因素；减肥重要的是找到节奏；减肥是克服内心对食物的贪欲；有掌控感的人生是更棒的人生；等等。从众多观点中选择其中一个，作为文章的核心观点，才能让写作者真正明白自己心里到底想表达什么，也让读者知道写作者传递的思考价值是什么。

观点是一篇文章的魂，没有观点的表达空有一副皮囊。观点不是文章结尾处的总结性句段，而是应该在文章构思时就首先确定的。内容取舍、详略安排、讲述逻辑等都需要围绕核心观点来展开。

观点是基于事实和感受的深度思考，是对事物的主张、态度、立场等价值观判断。一篇言之有物的好文章，需要摆脱对叙事的依赖、警惕空洞的感慨、提出独特的观点。

6问还原法，从零开始提出一个有价值的观点

叙事铺陈很简单，提炼观点不容易，畏难情绪让很多人习惯性地停留在事实记录层面。这是一种逃避，也是一种懒惰。这类文章写得越多，写作者越容易丧失深度思考和写出优质文章的能力。

畏难情绪还源于对"深度思考"的认知偏见，认为深度思考是学识、阅历、思维水平等日积月累后的爆发性产物，可遇不可求，短时间内无法提升。其实观点不是凭空来的，深度思考本身也是有路径可循的。按图索骥，写作中可以通过对事实的还原，对情绪的追问，找到我们内心深处的观点。你不是没有观点，只

是观点还未被挖掘出来。

在一篇题目为《怀念爷爷》的文章中,写作者分享了爷爷的 3 件小事:"爷爷老有所学,自学电脑""爷爷老有所乐,跟着电视学舞蹈""爷爷老有所为,写得一手漂亮毛笔字"。结尾抒发感慨:

> 时光飞逝,爷爷去世 10 年有余。和爷爷在一起的记忆早已铭刻在脑海里,流进血脉,令我难以忘怀。

虽然文章记录了很多有意思的事,但写作者本人觉得写得并不尽兴,没有完全表达出自己的想法,只能以"难以忘怀"草草总结。写作者情绪非常饱满,事件也足够详细,为什么写出来的文章最终会寡淡无味呢?

即使是这类私人故事,如果只有事实和情绪的表达,文章也会显得很单薄。可以用自我追问式写作,通过层层追问来探究情绪的内核,借由深度思考提炼出核心观点。毕竟有观点,这篇文章才算言之有物。

在修改这篇文章时,我建议写作者从事实到感受,再到观点,重新梳理。为了帮助她还原事实和感受,我向她提了 6 个问题。

> 问:这篇文章的触发点是什么?为什么心心念念想要写一篇文章来怀念爷爷?
>
> 答:孩子周岁抓周,抓了毛笔,一下让我想到爱书法的爷爷。思念的大门打开,小时候发生的很多事涌上心头,想好好写写爷爷,写写他的那些好品质,以及它

们对我成长的影响。

问：爷爷身上有那么多有意思的事，那么多好品质，哪些事是对你影响最大的？

答：爷爷很爱学习，爱读书、写作，对什么都好奇，很爱尝试新鲜事物。其实做取舍挺难的，感觉对我影响都很大。但如果非要选一个，我想可能还是他爱读书、写作这一点。我很怀念在他书房里泡大的童年时光。现在我也一直保持着读书、写作的习惯，有很多作品在公司获奖，可能这也是孩子抓周抓到毛笔时我那么兴奋的原因。

问：哪些词能代表你对爷爷的感情？你所怀念的到底是什么？

答：是怀念，更是感恩吧。单纯的溺爱和生活上的照顾，可能每个爷爷都能给孙女，但能留给孙女受益一生的好习惯的应该不多，尤其是在20世纪80年代的农村，作为留守儿童的我可以那么幸福地泡在爷爷的书房里。

问：通过这篇文章，你想给读者提供的思考价值是什么？希望读者获得什么启发？

答：一方面是勾起相似的童年回忆，但这可能不算思考价值。如果说思考和启发，可能是希望大家意识到年幼时的成长环境对人一生的重要影响。启蒙教育可能主要是营造一种有益于孩子成长的环境。

问：通过这篇文章，你想表达的观点是什么？也就是在某个问题上你的态度或主张是什么？

答：我想，我要表达的观点是：年幼时的成长环境，是给孩子的最好的启蒙教育，是梦想的起点。

问：那如果重新写这篇文章，基于上面这些想法梳理，你会选择写哪些关键事件来证明你的这个观点？

答：到现在应该很清晰了，我不应该单纯只记录与爷爷有关的几件事，而是应该围绕核心观点，选择和读书、写作这个主题更相关的事件，这样更聚焦。我要把故事全部换掉，换成"爷爷一手好字写春联""跟爷爷在书房里度过的童年""爷爷鼓励我大胆写作"这3个故事。

以上6个问题都是在帮她还原写作冲动：找到写作初衷，还原事实和情绪，追问情绪产生的原因，提炼价值点和观点，最后根据观点重新选择关键事件，布局全文。在用还原法提炼观点时，写作者要先回到事实起点，按照"事实－感受－观点"这条路径一步步进行深度思考。事实和感受是深度思考的养料，追问就是观点提炼的催化剂。

这样梳理和修改以后，文章要传递的观点更明确了。写故事也不仅仅是为了叙事，而是为了给主题观点提供论据。文章的结尾也自然发生了变化。

爷爷去世10年有余。当一切都已成往事时，爷爷留给我的爱好和梦想一直陪伴着我，让我不感到孤独。于我来说，这是一生的财富。而今，每个宁静的夜晚我都会抱着宝宝，给他读书、讲故事，就像小时候爷爷给我讲睡前故事那样。爷爷给予我的梦想,正在我的宝贝身上萌芽。

如果仅仅是完成关于爷爷的逸事记录,或许可以写出一篇不错的私人日记。但如果是经过深度思考后有观点提炼的文章,就有可能超越私人日记,获得更多读者的共鸣。比这更有意义的是,借由这样的机会,写作者完成了更好的私人记录,加深了对生活的理解。

言之有物、情真意切的好文章,对读者有价值,对写作者更有价值。深度思考本身就是一种对生活的滋养。深度思考无法向外求,只能向内找。观点就藏在我们习以为常的事实和感受里,等待在一次次写作和追问中被挖掘出来。

每次写作的触发点可能都不同,这决定了写作可以从任何一个角度开始。有时候是先有感受,有时候是先有故事或事实,有时候甚至可能是脑子里先冒出来的一个观点。不管从哪个点开始,都可以用还原法,想办法回到对事实、感受、观点的追问,厘清思路,娓娓道来。

> 项目结束,领导让我分享经验和方法,我该说点什么呢?大脑一片空白。

上例是先有事实,也就是有了项目实操的行为。之所以大脑空白,可能是因为一时提炼不出独特的观点。此时,建议写作者老老实实地回到事实层面,先复盘项目过程中的全部做法、心得,基于这些事实再去提炼观点、总结方法论,而不是马上陷入"说个什么厉害的点"这种僵局。总结出观点以后,再进行事实和信息的筛选、组织，最后布局全文。

> 这一年特别忙，经常加班，觉得特别累，特别焦虑。1月1日的朋友圈文案，思来想去不知道写什么，脑子里只剩下一句"千言万语尽在不言中，我太累了"。

上例是先有情绪感受。依然是从情绪倒推，想办法回到事实的原点，再去提炼观点，进行深度思考。你觉得自己为什么会这么累？在哪些场景下你会觉得尤其累？让你觉得累的因素有很多，哪个才是最重要的？是同事关系复杂，业务超出了能力范围，还是时间管理能力差，导致事情总是做不完？如果想要摆脱这种累，你觉得最需要调整的是哪个方面？经过这样的追问，情绪被细致拆解，情绪背后的事件被详细铺陈，观点和解决方案就更容易思考出来。不仅有了朋友圈文案，来年应该如何行动的答案也会更明朗。

> 新手妈妈第一年，孩子的周岁宴刚结束，感慨万千的新手妈妈脑子里突然冒出一句话——"当妈真是一场没有终点的修炼"。

上例看似是先有了一个观点。想要好好阐述这个观点，依然可以通过追问回到事实和感受，一步步提炼总结，使内容更加充实。为什么当妈是一种修炼？带娃时发生的哪些事是修炼，修炼了什么？有哪几种修炼？修炼的过程中需要逐渐拥有什么能力，保持什么心态？这样的提问也是不断地还原具体事件、追问情绪内核、展开深度思考的过程。

学会质疑和拆解，不满足于平庸的观点，也不满足于单纯的叙事或者情绪抒发，才能写出一篇真诚好文。不管写作的触发点是什么，写作者都应该想办法回到原点，回归"事实－感受－观点"这条基本路径，让思路逐渐清晰，让深度思考有迹可循。

除了参考这条思考路径，在开始写作之前提出有价值的问题，也是提炼出独特观点的关键。前面的章节提到过观点层的提问包，包括3个核心问题：

- 问概念：是什么？我怎么定义这个概念？
- 问原因：为什么是这样？
- 问行动：怎么做？行动方案是什么？

其实这3个问题，本质上是3类问题，代表了深度思考的3个维度。

1. **深度思考首先是一种分辨和质疑**。任何时候，对任何事，保持质疑，探究概念。打破固有认知，勇敢说不，大胆思辨。从问"是对的吗"开始，只有保持质疑，才能摆脱人云亦云的低水平思考。而问"是什么"，意味着形成对事物的基础认知，反映了一个人的价值观底色。

2. **深度思考是对原因的探究，是透过表象看到本质的能力**。遇事只有浅层思考的人，常常需要像打地鼠一样，疲于应付一些表面的困难，很多行动也只解决了表层问题。只有不断地问"为什么"，剥洋葱一样逐层分析，深入探究，才能对事物有更立体、更丰富的认知。对原因的不断追问，是对浅层思考和感性思考的双重摆脱。

3. 深度思考是行动后的思考，是对方法论和规律的提炼、总结。看到问题的人很多，可以提出解决方案的人很少。能行动的人很多，行动后可以总结出方法论的人很少。从探讨行动方案开始，思考有可能更进一步。

从"频频点头"到"提出质疑"，从表象到本质，从看法到做法。思考维度越多，观点就越深刻。本章后面几节将结合具体实例，详细分享如何通过提这 3 类问题，完成一次次深度思考，从不同维度提出独特、有价值的观点。

在提问中思考，在思考中写作。写作是对思维方式的重塑。

大胆思辨，为旧事物下新定义

学会质疑，摆脱惯性

你做出过与众不同的决定吗？第一次独立做决定是什么时候？对我来说，父母替我做的最后一个重要决定就是大学的选择。20 岁的我还不知道如何系统地思考，更谈不上深度思考。在多个志愿中间纠结时，父亲最后帮我拍了板，简单粗暴地选了那个离家近且大概率能录取的。那是我人生中第一次做重大决定，也是我依赖父母做的最后一次决定。

从 20 岁开始到现在，我习惯自己做所有的决定，包括大学要不要参加学生会；花更多时间去图书馆还是去兼职；大家都在考研、考公务员，我要不要参加；毕业是留在小城市还是去北京；

工作不开心，要不要辞职；瓶颈期要不要转行；31 岁之后还能在职场上完全从零开始吗；要嫁给一个什么样的人；要不要离开生活了 12 年的北京……

从 20 岁到 35 岁，面对这些重要决定，我都没有随大流，而是选择了更适合自己的路。不靠惯性，保持质疑，才让我拥有了独立思考的习惯。《麦肯锡工作法》里有这样一句话：批判性思考是一种自然而然进行的"从零开始"的思考，从而明确判断哪些事该做，哪些事没必要做。

我理解的"从零开始"，就是从质疑开始。30 岁以前要结婚，一定要有孩子，女生要找份稳定的工作，千万别裸辞，35 岁以后职业就走下坡路了，等等——这些社会标准和思维定式，真的对吗？

从"是对的吗"开始的思考，才是一种从底层开始的终极思考。如果我们默认上述社会标准是对的，就根本不会考虑它们是否适合自己，而是会马上陷入执行层面的细节："如何在 30 岁以前找到适合结婚的人""如何平衡工作和家庭""这份稳定的工作竟然也开始裁员了，怎么办""35 岁以后到底该何去何从"。所有看似无解的问题，有可能是源于一个错误的原始认知。而且标准未必就对，按照标准执行时出现的问题，也未必就是真问题。

我的写作课保留了一个常规练习："我不同意"游戏。

学员两两组队，A 提出一个观点，B 反对和质疑他，并给出自己的反驳意见和论据。然后再调过来，B 提出另一个议题的观点，A 来做质疑和反驳的一方。"工作不开心，要不要辞职""一白遮百丑，是不是真理""为什么听了很多道理，依然过不好这一生"，等等，大家可以讨论的议题非常多元。

有些学员会比较抵触这个练习，有些学员表示这个练习很有趣。抵触的学员大多是觉得紧张，因为他们在实际生活中从来没有"抬杠""说不"的习惯。小时候要听父母的，工作了要听领导的，结婚生子以后甚至要听伴侣或孩子的。从来不说"不"的人，很少会有独立思考的机会。

"知道了很多道理，依然过不好这一生"这个观点是对的吗？你同意这个观点吗？你反对这个观点吗？你部分同意吗？你分情况同意吗？到底什么是"道理"，什么叫"过好这一生"？在这个问题上，我的观点是什么？我怎样能自圆其说，佐证我的观点？从质疑开始，才有可能去探究原因，矫正认知，重新理解表面看起来正确的事。质疑，是思考的起点。它是一种思考习惯，也是一种思考能力。

理清概念，找到问题根源

开启深度思考，除了要大胆质疑，也要敢于对旧事物下新定义，以帮助自己理清概念。概念不清，会直接影响我们对问题的分析和判断。

H姑娘26岁，工作了两三年，但一直不太顺利，几乎被每一任领导都批评过没有逻辑，表达沟通能力弱，出错太多，工作效率比较低。其实，H姑娘算是很有上进心的人，她买了很多书、很多课，如饥似渴地想要抓住所有救命稻草，可惜最后都收效甚微。

她最近的一件烦心事是，稿子经常被领导打回来。于是她向我求助："我写稿子很慢，经常加班熬夜写，内心很着急，怎么能写得快一点呢？"

叨叨：一定要写得快吗？（保持质疑，问"是对的吗"，回到思考原点。）

H姑娘：嗯，我身边的同事都很快，效率非常高，只有我天天加班。

叨叨：那你认为什么叫"效率高"？（通过追问帮她理清概念。）

H姑娘：很快就能把文章写完，准确率又很高。领导总说我拖稿，我也在想办法加快速度，但文章经常因为出错被打回来。

叨叨：既然效率高＝速度＋质量，那只追求写快一点，显然不可能达到目的。（理清概念，回溯核心问题。）

H姑娘：但我能力不够，没办法做到既快又好。

叨叨：对你来说，一定要同时保障速度和质量吗？（出现新问题，继续回到质疑。）如果能力确实达不到又快又好，那么要先保"快"还是保"好"呢？

H姑娘（迟疑一下）：如果非要选一个，那还是先保"好"吧，至少可以先减少被打回来的次数。

叨叨：所以你的问题不是"怎么能写快一点"，而应该是"我的文章质量该如何提升，减少被打回的次数"。（先理清概念，再矫正概念，才能拨开迷雾，锚定关键问题。）

H姑娘：嗯，我太着急了，问题都没搞明白。

H姑娘显然对"高效率"这个概念的理解并不是很清晰，只看到了速度。一味求快，反而越快越错。

类似的问题还有很多，比如"小城市没有发展了，我想去当北漂"，这里的"没发展"是指什么？你理想的"有发展"具体指什么？到底什么叫北漂？你对北漂有具象化的认知吗？你知道北漂一族都几点下班吗？"在这个公司里待着太累了，我想辞职"，这里的"累"到底是指什么？能不能具体描述一下你觉得最累的时刻？是同事们尔虞我诈，还是加班到 11 点身体负荷不了，抑或是这个工作没有技术含量，让你看不到前景？

写作者应该不断追问：是对的吗？有其他解释吗？我是怎么理解的？只有锚定关键问题，重新认识一些熟悉的概念，才有可能找到根源所在。当你觉得自己思路混乱、搞不清原因、想法平庸、找不到解决方案时，可以先回到概念，理清概念。

重新定义熟悉的概念，进入思考的深水域

如果一篇文章要探讨"如何成为一个内心强大的人"，那么这个话题里的核心概念词就是"内心强大"。在深入思考之前，应该先界定概念，问"是什么"，确定自己理解的"内心强大"指代什么。"内心强大就是自信""内心强大就是耐挫力强"，如果对概念的定义不同，那么后续的思考方向、探讨内容和结论或观点就会完全不同。比如，"爱是互相理解"，这句话里要界定的概念是"互相理解"。先定义"互相理解"，才能进一步分析一个人怎样做才算是爱里面的互相理解。再比如，"那些浪漫的小事叫作爱情"，这里面有两个词，"浪漫""小事"，怎么定义浪漫，怎么定义小事。

从重新界定概念开始，从零开始理解自己所熟悉的事物，探讨要点，才有可能提炼出与众不同的观点。

对概念的拆解和界定，不仅可以用在观点文的写作里，也可以用在经验干货文里。比如摄影师朋友 Yuki 在谈到"如何拍出一张好照片"时，如果只讲解构图、用光等具体方法，那么文章很容易停留在术的层面（例子见第 22 页）。一旦她开始界定概念，定义什么是"好照片"，就需要基于具体方法提炼自己的核心价值观。对熟悉的概念有自己新的理解，本身就是在表达观点。"好照片是有氛围感的""好照片是用画面讲故事"，这既是概念定义，也是观点提炼和升华。有观点，实用类的干货文在提供信息价值的同时，还能提供思考价值。

比如做形象顾问的朋友禾子在谈到如何才算穿得好看时，给出了三个关键词：色彩、层次、比例。如果她能进一步提炼，提炼出自己对"穿得好看"这个概念的定义，就能找到穿搭的底层逻辑，形成自己的独特认知。"穿得好看是不费力的时髦""穿得好看是营造无龄感""穿得好看是无性别的穿搭"等都属于自己的定义。

准确界定概念，追求在自己的专业领域里提出自己对事物的理解，是传递价值观、提升影响力的高阶要求。就像我在写这本书的过程中，也要穷尽智慧去思考：什么是好文章，什么是好的写作和表达。

大胆下定义，能指引我们进行更本质的思考，让思考进入深水领域。

透过现象看到本质，想别人之未曾想

由表及里，不断地问"为什么"

能够提出独特观点的人，一定是对事物有更深刻的认知。普通人只能写出"是什么",更优秀的写作者一定追求写出"为什么",而且对原因的探究永无止境。

有个学员很苦恼地跟我抱怨,她的部门来了个新同事,特别得领导器重。她观察了一下,这个同事的工作能力也比较一般,就是嘴特别甜,而且经常主动向领导汇报工作。她问我:"你说,是不是领导都喜欢嘴甜的人,我们这种只会埋头干活的人,是不是没出路了?"

"领导只喜欢嘴甜的人",这是这个学员得出的结论。但这个结论对吗?如果只看到表象,很容易得出"领导识人不准""干得好不如说得好"等论断。显然,这并不是真正的深度思考,得出的结论也有待商榷。从现象到本质,深度探究原因,可以尝试循环追问,连续问5个"为什么"。

> 问:为什么这位领导喜欢嘴甜的新同事?
> 答:感觉她说的都是领导爱听的。
> 问:为什么领导爱听那些话?
> 答:领导也是人,谁都愿意听好话。
> 问:为什么只靠说好话就能得领导器重?
> 答:她也不只是会说场面话。她还经常主动找领导汇报工作,估计这能让她更多地展现自己。
> 问:为什么经常找领导汇报工作,可以得领导器重?
> 答:主动汇报工作可以给领导安全感,让他随时掌握项目进度。同时她有机会展现自己的想法和能力,领导有新机会可能会第一时间想到她吧。
> 问:为什么你最开始没有意识到这一点?

答：看问题太片面了，后面要多观察，每个表象背后肯定都是有原因的。

一直追问"为什么"，在循环追问的过程中，表象背后的本质就会逐渐浮现。针对上面这个问题，当学员意识到同事"表面上看只是嘴甜，其实是在争取更多机会展现自己的能力，而我没看到"，进而再回到生活中去观察时，应该能发现这位同事除嘴甜以外的工作能力。

另外，员工主动汇报工作，管理自己在领导那里的信赖值，本身就是工作能力的一部分。这位学员即使自己做不到像新同事那样说好听的场面话，也可以找到自己的方式，主动汇报——展现自己的工作能力。

要想探究终极原因，只追问5次或许还不够。关于"为什么"，可以一直问下去，直到写作者能在自己的认知范围内，看到事物的本质。

追问"为什么"，不仅可以让既有观点更深刻，也可以让笔下的故事更丰满，透过表象挖掘故事内核。

我有位学员在某地生活类公众号做新媒体编辑，她写了一篇文章介绍深圳市的大芬村。大芬村被誉为"中国油画第一村"，它既是全国最大的油画生产、交易基地，现在也成了文艺青年们最喜欢的旅游景点之一。

这篇文章洋洋洒洒写了大芬村的历史，也写了她在大芬村遇到的几个店主的故事，但文章整体写得非常浅，浮于表面。稿子提交之后被领导批评没深度，她自己也不清楚具体怎么改，于是她来找我求助。先来看其中的两个故事片段。

故事1 "来大芬村后爱上画画的女店主"

一家小店的店主穿着大花裙子,正拿着画笔,给自家小店的墙壁画上地中海的碧波蓝天。

来大芬村之前,她的手没拿过画笔,来了之后,双手再也没有放下过画笔。她在这里结婚、生子,一眨眼,人生已经过半了,没挣着大钱,但养家糊口管够。

"画了十几年了,也不知道还能做什么。我想继续画下去,在这里养老,也挺好的。"

这个故事写得非常笼统,读者看完后难以留下深刻的印象。因为它只交代了故事的结局——小店的店主来了十几年后的现状。这个故事读完我心中产生了很多问号。她当初为什么来这里?为什么即便是零基础,来了之后也能拿起画笔画画?为什么能一画就是十几年?是什么动力在支撑她?为什么没赚到钱还想继续画下去?如果能从店主自己讲述的故事里多追问这些"为什么",写作者或许就能挖到很多不一样的故事细节,文章才能更深刻地探讨大芬村店主们的内心想法和对生活的思考。

故事2 "坚持做原创画的老板"

走进一家装潢普通的油画店,墙上的画看起来和别的店不一样,我们想要拍照,却被老板拦住了:"这是我最新的原创,别拍,怕被抄了。"

聊起自己的画作,老板眉飞色舞,言语间洋溢着自豪。"你看大街上有很多50元一幅的油画,虽然便宜,但都是打印出来再上色的,很多游客看不明白。"老板摇摇头，有点恨铁不成钢。说罢，老板盛情邀请我体验画油画，150元一位，价格是外面市场均价的3倍。

于是我列举了体验街边作画的均价，大胆地和老板讨价还价，但老板的语气不容置疑："你来画，我从头到尾教，让你学点真东西，保证和外面的不一样。"

我又大胆发问："感觉好像坐在街边画画，拍照能好看点？"老板笑了笑："现在的小姑娘啊，都是来这儿拍照的，体验个把小时就走了，随你吧。"

很惭愧，我应该是被老板归类成来这里打卡的游客了。

这看起来就是一个普通游客和油画店老板讨价还价的故事，显然，写作者只看到了表象，没有探究表象背后的故事。想要由表及里，应该多追问几个"为什么"。他为什么坚持做原创画？为什么他的价格是市场价的3倍，店还能一直开下去、没倒闭？为什么他教的和其他同行不一样？为什么他聊起画作眉飞色舞？他来深圳之前就是画家吗？他当时为什么来深圳？他对画画有什么自己的理想吗？

如果能想办法问到这些问题的答案，写作者应该会写出一个很不一样的故事。它可能是一个更有血有肉的关于"坚持原创"的故事，而不仅仅是一个关于"讨价还价"的故事。哪怕只尝试跟老板探讨这些问题中的其中一个，故事所呈现的思考深度也会完全不同。

呈现更丰富的故事，才能为读者提供更多元的信息价值，也才有可能透过表象探讨背后这一群人的生存状况，他们的生活理想、价值观,以及对画画和对美好生活的认识。只有当写作者停止表面叙述,不断地追问"为什么",做到由表及里时,文章才能更有深度,也才能提供更加打动人心的故事和独特的观点。

由此及彼,找共同点

透过现象看本质的另一个方法是找共同点,提炼总结。在一篇关于"全职妈妈如何重返职场"的文章中,写作者分享了自己当全职妈妈时做的3件事:读书;恢复社交、学演讲;做自己感兴趣的兼职工作。文章结尾是这样写的:

> 当全职妈妈时做的这3件事,帮助我在想要重返职场时,可以免试直接入职上班。在重返职场的第7个月,我成了某知识付费平台听书和职场日课版块的主理人。所以在任何时候,提升自己,自我成长都是最值得投入的事情,我会一直坚持下去。
> 不管我们如何选择,希望我们都越来越优秀,成为更好的自己。以上,和所有全职妈妈共勉。

这个结尾写了自己重返职场后的优秀表现,鼓舞人心,很有说服力。但"自我成长""提升自己""成为更好的自己"等都是很宽泛、笼统的表述,写作者没有在此基础上提出独特的观点。

不妨先找共同点,再提炼总结。全职妈妈期间做的这3件事有什么共同点?为什么这几件事能帮助她顺利回归职场?这几件事本质上是在锻炼哪种能力?她认为自己可以顺利回归职场的关键点是什么？做的这些准备本质上是在准备什么？

如果要总结共同点，读书、社交、兼职有很多共同点，写作者可以根据自己的理解选择一个来深挖。方案1：共同点是"保持与社会同频"，基于这个共同点，文章可以探讨如何保持节奏感，让自己逐步从全职妈妈的慢节奏转变成职场的快节奏。方案2：共同点是"让我保持对世界的好奇心"，读书、社交、兼职都是在全职妈妈生活之外主动接触新事物。基于这个共同点，文章可以详细阐述如何保持学习，不被社会淘汰。方案3：共同点是"创造妈妈的第二身份"，读书、社交、兼职时的自己，都不是那个作为妈妈的自己，而是读书会的会员、演讲俱乐部的学习者、兼职团队里的一名员工。基于这个特点，文章可以探讨如何创造自己的社会身份。

经过这样的分析，文章的主题就从"保持学习，自我成长"，升华到了对"保持节奏感""保持好奇心""创造第二身份"等维度的探讨。新主题更具体也更深刻，更有可能为读者提供思考价值。找到事物之间的相似性和共同点，会促使写作者进入更深层的原因分析、本质探讨。

从个性到共性，从一件事到一类事，从一种情绪到一类情绪。很多时候，不是我们的认知不深刻，而是没有进行深挖，没有让思考再进一步。

提高论证能力，让文章环环相扣

对原因的不断追问会引出独特的观点、判断。但这还不够，要想分析原因、得出结论，还必须进行逻辑论证，让整个表达环环相扣，拥有更强的说服力。在长文章的写作中，为了使整体逻辑更严密，往往需要进行多层论证。

最常见的论证结构是对比论证：物质与精神、虚与实、过去与现在，等等。一个符合现有观点的正面例子，一个与观点违背的反面例子，直接对比，就可以得出简单的结论。这种结构适合初学者。

我有一篇关于"生活中及时复盘的重要性"的文章，用了两个例子。一个例子是我大学毕业后胖了快 15 千克；另一个例子是我有个朋友工作 8 年都没有换工作，工作能力很一般，缺乏竞争力。两个故事分别从肉体与精神两个层面阐述了复盘的重要性：身体因为不做复盘，变得不再健康；精神层面不围绕个人工作能力和思考能力做复盘，也会逐渐失去竞争力。这样的对比论证，创造了两个论证层次，结构清晰。

想让论证层次更丰富，我更推荐"3 级论证法"，通过呈现 3 个不同层级的论据，可以让观点在论证中不断升华。

我曾经写过一篇文章，题为《原来，我们都有机会过不一样的生活》(对应的全文可参见附录)，这篇文章讲了 3 个故事：

1. 房东阿姨后悔年轻时没有下海去深圳。她有好多同学曾被迫下岗，去深圳做生意，后来都发达了。而她当时想的是：为什么我们单位就不倒闭呢？(房东阿姨距离理想生活缺少一个推手。)

2. 小镇摄影师看到婚纱摄影行业兴起，由于保守，没敢去县城开影楼，固守走街赶集的传统拍摄模式，最后不得不关门大吉。晚年过着去工地打工的普通生活。(小镇摄影师有了时代的推手，终究还是没能突破自己的保守。)

3. 闺密被邀请去行业论坛发表演讲，但她内心发怵，尽管她知道这是难得的机会，但仍然有点退缩。在我的鼓励和鞭策下，她摆脱了逃避心态，决定试一试。（闺密只需要别人轻轻一推就能马上行动。）

上面 3 个案例，从 3 个不同的侧面说明了外部"推手"和个人行动之间的关系：无推手就无行动；有推手而无效；有推手有行动。通过 3 层论证，说明了外部推手固然重要，但改变生活的最大推手本质上是自己。

3 级论证，可以让观点摆脱非此即彼、非黑即白的表层判断，比对比论证更有深度，更直抵本质。尝试把要探讨的关键词进行拆解，穷尽不同的情况，层层递进，才不至于以偏概全，使论证太单薄。

对于任何主题，只要能至少分 3 方面来讲，就能倒逼写作者多追问几次，确保论证维度更丰富。我有个学员写了一篇非常温暖的小品文，题为《织毛衣的奶奶》。她写了从小看着奶奶给全家人织毛衣，自己在奶奶 60 岁大寿时决定给她织一副手套。描写了自己从钩针小白，一点点学，反复拆了几十遍，终于把手套织好的故事。在这个过程中，她体会到了奶奶给全家人织毛衣的辛苦，决定也把对家人的爱藏在钩针里，传承下去。

这个故事本身没有问题，但故事的层级不够丰富，探讨的内容也比较单薄。改稿时，我向学员提问：你决定传承这门手艺，那你后来又织过哪些很有意义的东西吗？有没有其他与"把爱藏在钩针里"相关的故事。她说：我用一条亲手织的围巾挽回了男朋友，把他变成了现在的老公。后来成家了，我继续延续，把爱织进给孩子的爱里。也像奶奶那样，开始给全家织毛衣。

从 1 个故事到 3 个故事，这篇文章从单纯的"怀念奶奶"，变成了"把爱织进毛衣里，传承爱的方式"，主题更丰富立体，情绪感染力也更强烈了。

只有透过表象看到本质，才能摆脱平庸，提出独特、有价值的观点。在抵达本质的过程中要保持对原因的好奇和探究，永远想办法再进一层，尝试多追问"为什么"、找共同点、创造多个（3 个及以上）论证层级。

最深刻的观点来自最扎实的行动

这个社会有很多已知且正确的道理，每个人都可以以最低成本成为一个"智者"。写作者可以随时选摘流行的金句作为自己的观点，看起来如何铺陈文章根本不用自己冥思苦想。但正是因为拾人牙慧的文章越来越多，有独立思考的文章才变得越来越稀缺。

没有切实的行动，哪怕选用再多金句，文章依然是不痛不痒、浮于表面的。如果你看过 10 本关于如何写作的书，但没有行动，没有在持续写作中发现问题、纠正方法，那么你对写作的认知就永远只能停留在最表层。这本书里的方法，是我自己持续写作 6 年，又持续做了 6 年多写作训练营以后，基于扎实行动的深度思考的结果。**实践出真知，行动是思考的必备条件，行动本身就是最好的思考。**

如何用行动来倒逼自己提升思考能力，可以体现为以下三个维度：

初级思考：从盘点到总结和复盘

想要从行动中获得思考，首先基于对行动的总结和复盘。工作中经常要写各种总结，生活中有些人也会写本月学习总结、上半年成长回顾等。但大多数人的总结只停留在对所做事情的罗列上，没有做进一步的提炼，浪费了深度思考的机会。

做总结有一个非常好的方法就是提炼关键词，比如"上半年成长回顾"这类文章，如果只停留在做法层面的盘点，可能会写：读了 10 本书、听了 3 套课、坚持早起 100 天。想要改变这种浮于表面的写法，可以改用关键词总结归纳模式。比如，我某一年的半年总结的关键词为：自律、尝试。那半年，我坚持每天健身，超过 3 个月；坚持每天写效率手册，超过 1 个月；坚持给自己做早餐，超过 2 个月——这些都是自律的体现。

那半年我还尝试做健身群、读书群，尝试从单打独斗到与平台合作——这些尝试给我带来了非常多改变和新机会，视野一下子开阔了很多。

如果用关键词把事情进行分类，就能摆脱单纯的盘点，产生初级思考。这样的半年总结有三种优势：一是高度提炼，一目了然；二是更能指导自己以后的行动，督促自己把自律和尝试用在其他方面；三是如果写成文章，这样的文章也会比单纯盘点式的写法，对读者的启发更大。

除了总结成功经验，对失败经验的正确反思，也是非常好的提升思考力的练习。我有个朋友在年中述职的"反思与总结"模块这样写道："大周期项目，节奏把握拖沓，效率有提升空间。后期还需优化项目、推进流程。"反思并不深刻。为了帮他写好这份总结，我又开启了一轮追问。

叨叨：大周期项目节奏拖沓，这部分你遇到的最大的挑战或者困难是什么？

朋友：其实是时间预估有问题，我低估了流程的复杂程度。如果启动时间提前3周，就可以解决这个问题。

叨叨：仅仅提前启动时间，看起来并不能根本性地解决这个问题。或许得从业务能力上找优化点？

朋友：多部门配合是常态，业务部门对我们部门的工作内容不熟悉，经常需要先做业务科普，再开始进入项目。

叨叨：这是沟通问题？

朋友：不仅仅是沟通，或许可以提前对业务部门进行培训，或者优化对接流程。

叨叨：嗯，那在"反思与总结"这个模块，你要写实。针对做得不好的地方，可以给出诸如全流程策略等更通用、更底层的解决方案。

从单个方案到整体方案，个体在深度反思以后提炼的方法论才是更高维的。行动后的复盘总结，不仅对个体自我成长很有助益，还有助于提升思考能力。

中级思考：从术到道，提炼通用方法论

不满足于就事论事的简单总结，开始去提炼做好一类事的通用方法论和底层逻辑，这是提高思考能力的重要跨越。

通常，高级销售人员，可能都会有几个自己常用的销售策略，但它们有没有经过复盘形成一整套可供初级销售人员复用的

方法论？比如，项目经理做完一个新项目以后，能否总结并建立一套高效的工作流程，这个流程能在多个项目里复用，提高整体工作效率。再比如，某个领域精通某项技能的专家，能否总结出一套方法论，让行业小白也能拿来就用。

输出方法论，就是输出影响力。当你开始想要去总结方法论时，才算是在真正开启深度思考。

2016年，当我开始重新捡起写作这件事时，我从来没想过自己有一天可以教写作。但是当越来越多的读者喜欢我的文章，越来越多的人问"怎样才能像你一样表达得如此精练、吸引人"时，我才开始有意识地去总结我的写作方法论。因为想让更多人能复用，所以我才有机会跳出自己的角色本身，看到写作这件事对于普通人而言有哪些难点，并有针对性地寻找关键方法和突破点。

总结方法论的过程，本质上就是一个不断还原的过程。一遍遍回想自己的写作过程，找到自己的规律性动作；一遍遍让学员复现他们的写作过程，找到他们和我不同的地方，以及使用不同方法时的具体卡点。

比如很多人问过"文章的结尾如何升华"这个问题，最初我也不清楚要怎么实现。于是，我就一遍遍回想，并且在写的过程中不断地洞察，自己是如何从A想到B，从B再想到C的。写第一篇文章时是这样，写第二篇也是这样，刻意观察自己的思考轨迹，答案就会逐渐浮现。除此之外，还需要换位思考，设想你的方法是给谁用，还原他的使用场景，找到难点，给出解决方案。

总结起来，方法论提炼可以分为以下4个关键步骤：

- 多次还原全流程，发现规律性动作。

- 换位思考，还原使用场景，找到难点。
- 针对难点，找出克服困难的方法。
- 找到这些方法背后的底层逻辑。

从术到道，总结行动后的经验，从经验中总结出普遍规律、提炼方法论，这是写作的方法，也是提升思考力的方法。

高级思考：用行动倒推观点的升级

如果你总是觉得自己提出的观点很平庸，探究原因也不太能直接看到本质，还可以尝试用行动倒推观点。

关注行动中"知道但做不到"的卡点

举个例子，很多人都听说过减肥的 6 字秘诀"管住嘴迈开腿"，但如果一篇减肥文对问题的探讨也停留在这个层面，那就会落入俗套，缺乏亮点。因为这 6 字秘诀仅阐述了"什么是对的"，没有关注读者行动过程中的卡点。比如在实践的过程中，读者可能因为长久的饮食习惯，做不到"管住嘴"，吃少了就饿，不吃主食就难受。我曾经看过一篇文章，它专门为了解决这个卡点，提供了一种方法：一日三餐正常吃，吃什么都随意，但 3 餐必须在 8 小时内吃完。也就是说，如果早餐时间是上午 8 点，晚餐必须在下午 4 点前吃完，之后不再吃任何别的东西。

虽然已经有众多介绍减肥方法的文章，但偏偏这篇文章让人眼前一亮，因为它在"管住嘴迈开腿"这个观点的基础之上提出了一个照顾读者需求的新观点。在日常写作中，**如果写作者每次都要求自己的分析指向行动方案，而不仅仅停留在原因探究层面，那么文章中的观点就能既有深度，又有实操价值。**

探讨行动方案，多问几个"怎么办"

通过追问"怎么办"，很多单薄或俗套的观点，都能带给读者更多思考价值。

学员林林看了一部关于亲情的电影之后，写了一篇怀念已逝爷爷的温情短文。她重点写了每逢节日给故去的亲人认真准备烧纸钱这个风俗，在结尾时很温情地写道：我希望用这样的方式，能永远记住我的亲人们。

虽然写得很动容，但她觉得文章太单薄了，缺少层次感。也许通过自我追问"怎么办"，可以让观点更深刻。要想记住这些亲人，具体要做哪些事情？除了烧纸钱，还可以为故去的亲人们做什么？到底怎样才算永远记住了他们呢？

认真思考行动方案后，她给出了很多答案：每逢节日都认真祭拜；在祭拜时认真地和他们聊聊当下的生活，就像他们也参与了一样；认真保存他们生前的照片；经常做一些他们生前爱做/爱吃的菜；给后辈认真讲述他们的故事。对这些行动进行复盘，林林得出的结论是：好好记住故去的亲人，大概就是像他们从未离开一样，更多地让他们的影子出现在我们的日常生活里，而不仅仅在祭拜的节日里。这样文章一下子就不再仅仅是怀念，而是传递了一种独特的价值观。探讨行动方案，多问"怎么办"，写作者才有可能提出更独特的观点。

一个北京的朋友刚搬了新家，在搬一个重重的装书箱时，她突然脑子里闪回了自己刚毕业时搬家的场景。于是她写了一篇文章，回顾了自己刚毕业在上海租房生活时的漂泊感和孤苦无依，还写了现在在北京有家、有爱人、有朋友、有孩子的生活，觉得现在很幸福、很甜蜜。

通过简单的前后对比，朋友表达出了"苦尽甘来，我现在很幸福，我应该珍惜当下的幸福"这一核心观点。但文章写完她很不满意，因为她觉得"苦尽甘来，珍惜当下"这个观点实在是太俗了。怎么基于这个搬家故事，写出一篇观点更独特，思考更深刻的文章呢？依然是关注行动，回溯具体行动，挖掘生活中还有哪些与"苦"和"甜"相关的事件值得写。经过梳理后，她写出了以下3件事：

- 刚毕业那会儿，她时常感到苦闷、困顿、无聊，于是她自学英语，每天在家疯狂朗读英文文章，在排遣无聊、寂寞的同时，英语水平的提升让她意外获得了新的工作机会。之后又出国进修，人生从此大不一样。
- 在国企上班，她积极精进专业知识，把自己不喜欢的工作做到极致。
- 生娃后为了多陪孩子，在繁忙的工作、带娃之余，拓展学习第二技能，开拓副业，为再次转换职业赛道做准备。

继续追问："在这些困苦的时刻，你是怎么做的？"从对行动的复盘中，试图找到写作者对"苦"与"甜"的看法和态度。经过梳理，她认为生活中的甜并不单纯是那些表面上的"温暖""充满爱"，也不是一味地等待苦尽甘来。学英语、精进专业知识、生娃后学习第二技能等都是她在困境中主动选择打破僵局的表现。通过在夹缝中求成长，一次次逾越人生之苦，她反而在苦中找到了极致的甜和极致的收获。这种永不放弃，每次都在苦中找到甜的精神，才是她的处世哲学。

通过深挖行动背后的想法，这篇文章的观点从平庸的"苦尽甘来"，变成了"苦中找甜"。这个观点令人耳目一新，而且有一定的思考深度。同时，故事的丰富程度也得到了拓展。

平庸的观点各有各的平庸，深刻的观点大都令人耳目一新。最深刻的观点来自最扎实的行动。

> **本章追问锦囊**
>
> 开启自我追问，提出独特而有价值的观点。
>
> - 问概念：是什么？我怎么定义这个概念？
> - 问原因：为什么是这样？
> - 问行动：怎么做？行动方案是什么？
>
> **边学边练**
>
> 请用本章第1节提到的6问还原法，按照"事实－感受－观点"这条路径，梳理出一篇人物文的框架结构。可以参照书中举的例子来写你的一位亲人，也可以是某个有意思的朋友等。
>
> 最重要的是，用6问还原法，超越事实和感受，提炼出文章的观点。让人物文的写作不仅仅是介绍故事，也能为读者提供思考价值。

[第三部分] PART 3

渲染层
提供情感价值，写出说服力和共鸣

第 4 章
CHAPTER 4

好故事，温润有力地说服

打破线性叙事，把事实变成故事

重新理解故事思维，拥有更好的叙事能力

真格基金的创始人徐小平先生，曾在很多场合提到一条创业者短信。这条短信来自母婴电商品牌蜜芽的创始人刘楠，后来她凭借这条短信获得了徐小平 800 万的天使轮投资，并在随后几年时间里把蜜芽做成了估值过百亿的头部母婴电商平台。那条著名的短信是这样写的：

> 我是北大的毕业生，我现在在开淘宝店。我的销售额已经突破 3000 万了，但我一点也不快乐。听说您是青年人的心灵导师，您能不能开导开导我？

就是这样一条短信，徐小平看到后立马给刘楠打了电话，也

就有了后来的投资合作。这条短信就是典型的故事化叙事，虽然仅有 55 个字，但充满了戏剧冲突：北大毕业 vs. 开淘宝店，销售额 3000 万 vs. 不快乐。这种反差冲突拥有极强的情绪感染力，也让人十分好奇。

如果换成常规叙事，可能会这么写：

>徐老师您好，我是一家淘宝店的 CEO，我们的店铺主要经营母婴类产品，目前销售额已经突破了 3000 万。我们的愿景是让中国妈妈用上便宜、放心的产品。希望得到您的投资支持，期待您的回复。

前后两条短信写的都是事实，却是同一件事的不同侧面。后者平铺直叙了基本事实，前者则在事实全貌中选择了最有冲突感的截面，并把它放大。

生活中每天都会发生很多事，但并不是每件事都能成为吸引人的故事。只有经过有目的地演绎，某些事才有机会成为故事，充满感染力和说服力，让人印象深刻。刘楠写这条短信最核心的目的肯定是希望获得投资，但这条 55 字短信的叙事目的是"引起徐小平的注意"。徐老师平常肯定会收到很多创业者的短信和电话，什么样的故事才能让他产生好奇呢？基于这样的目的，她在自己的经历中选择了最有反差冲突的几个点，构成了一个极具吸引力的故事。

只有虚构作品里才需要写故事吗？不，故事基本已经成了大多数文章的标配。写故事时我们常常有这样的困惑：不知道从什么地方开始说起，背景铺垫很长，容易写成流水账，一直说不到关键点上；怎么写自己的故事，才能在短时间内抓住读者的心呢；

分不清重点，有时候会赘述很多不必要的东西；写的故事比较平淡，想不到如何才能写得有趣。

这些困惑，看起来是很多问题，本质上是一个问题：把事件罗列当成写故事。如果写作者企图通过呈现所有事件来讲故事，就会分不清重点。什么都想写，往往容易越写越平淡。

故事是基于事件筛选的戏剧性叙事，是有目的的演绎。在写作时，适量加入故事元素，我把这叫作故事化叙事。日常生活中很多事的发展通常是线性的，但在写作中需要打破线性叙事。作为一种叙事方式，故事化叙事不仅适用于长篇文章的写作，还适用于一两句话的简短表达。

> A：上完这位老师的写作课，我的收获真是太大了，它简直是本年度最棒的一门课。
>
> B：上完写作课，我的写作水平提升很快，刚刚找到了一个月薪8000元的兼职文案工作，每周只要上3天班。

A和B，谁的收获更大呢？B不仅用到了具体的故事支撑，还用到了反差——月薪8000元，只需要工作3天。显然你会更想和B多聊一会儿。

> A：我和团队经过奋力拼搏，加班加点，终于保证项目顺利上线了，共历时20天。
>
> B：我和团队连续加班20天，日夜抢工，项目终于顺利上线了。这已经是我们团队8个人，本月第20次一起在公司看到太阳升起了。

A 和 B，哪个看起来更辛苦？B 所展示的画面感，让读者有非常强的代入感。

表面上看，讲故事是为了让文章不至于太枯燥，更容易被理解。但本质上，讲故事是在邀请读者入戏，让读者和主人公一起经历起伏，获得情感共鸣。故事是用悄无声息的方式俘获读者，温润有力地说服，通过提供丰富的情感价值，让文章产生更深远的影响力。

如何把一件普通的事情写成一个故事呢？ 这里举个简单的例子：

版本 1　我去咖啡馆写稿时，遇到了几个好朋友。（朴实、平淡的陈述。）

版本 2　特别巧，我去咖啡馆写稿时，偶遇了上个月刚认识的几个新朋友。（让故事更具体，交代那次是巧合，遇到的是新朋友。）

版本 3　我去咖啡馆写稿时，偶遇了上个月刚认识的几个新朋友。令我哭笑不得的是，她们个个妆容精致，而我那天没有化妆，一脸菜色。（在偶遇时的所有细节中，选择了最有反差冲突的一个截面，偶遇从惊喜变成惊吓，故事的氛围一下子就有了。）

版本 4　我去咖啡馆写稿时，偶遇了上个月刚认识的几个新朋友。令我哭笑不得的是，她们个个妆容精致，而我那天没有化妆，一脸菜色。唉，原来在这个新城市，我也算是有几个朋友了。以后出门都要化妆了，这是她们带给我的甜蜜的负担。（在具体和反差的基础上，又赋予故事以意义，并加入了更丰富的情绪。原来并不是普通的朋友偶遇，而是在新城市与第一波新朋友的偶遇，它的意义和融入新城市的心情相关。）

赋予意义，截取片段，设置冲突，进入场景，调动情绪。平淡的叙事，就这样变成了有趣的故事。

上述的例子，也许看起来像是简单的扩写。但是正如上文提到的，故事化叙事是对事件的筛选，选什么，不选什么，本身就代表了写作者的选择。如果只写"我去咖啡馆写稿，偶遇几个好朋友"，后续顺着写下去可能就会变成："她们刚好在咖啡馆组织一场活动，女孩们一起喝下午茶、聊天的场景太美好了。"这样的故事走线，也是基于事件筛选，但因为写作者选择的角度不同，最终故事的感染力也会截然不同。

具体如何把事实变成故事呢？有以下3个关键点：

目的和意义：故事为主题服务

如果不是为了传递观点，根本就不必讲故事。叙事的目的，如果仅仅是完成事件告知，那毫无意义。所以，应该选择事件的哪个侧面，把它变成故事，取决于写作者想表达的主题观点是什么。

故事永远是为主题服务的，讲故事不是目的，表达你的观点才是目的。所以，写故事的第一步是明确写作者的意图。举个例子，下面是一篇6000字长文《英伦"微留学"：英国料理到底黑不黑暗》的大纲，你能看出写作者想要表达的核心主题是什么吗？

> 在机场吃的第一顿
> 寄宿家庭的夏日黄昏野餐
> 英国家庭的快捷早餐
> 英国家庭的花样晚餐

名不虚传的英国黑暗料理

聚会，中餐馆走起

英国人的最爱：炸鱼 & 薯条

各国餐厅荟萃，百花齐放

写不完的英伦美食 / 黑暗料理

……

从标题不难看出，写作者是想介绍英国的黑暗料理，但其中的早餐、晚餐等都与黑暗料理关系不大。这就像是你要给读者展示一个精美的礼物，但外面裹了 10 层包装纸。读者还没看到礼物，就已经在拆包装环节走掉了。

下面是写作者改后的大纲：

黑暗料理 1　入门级：茄汁意大利细面圈

黑暗料理 2　中级：约克夏布丁配带皮鸡胸肉

黑暗料理 3　最高级：看似平平无奇实则"杀人于无形"的面条配炒饭

这个结构看起来清爽得多，写作者的意图也非常明确，就是展示英国的黑暗料理，并且只选了最具代表性的 3 种。为了吸引读者读下去，写作者要摒弃贪多心态，学会做减法。最关键的是，先确定文章的核心主题，再从所有素材中选择最能代表主题的素材。如果核心主题都不明确，做减法对写作者来说会非常痛苦，因为他都想用上。总之，有趣的素材，只有放到合适的主题下才有价值，否则写出来的文章就是一个因为有太多层包装纸，而被读者提前抛弃的礼物。

每件事都有很多细节,讲故事之前要先确定观点,根据主题观点筛选出有用的细节。

一位美容行业从业者写了自己的一次培训经历,她在一篇6000字的文章中写了这样几件事:

- 2020年,受新冠疫情影响,工作暂停。因为感受到了职业危机,所以决定请假去学习。
- 到酒店第一天就赶上生理期,完全没心思听课,在焦虑和紧张中度过了前三天。
- 到了最难的机器实操阶段,了解到通常无法在一期学习中掌握所有知识,又考虑到自己后续没办法再请假。高压之下突然决定,不如放手去做,开始好好听课。
- 抛开一切杂念,专注于自己的练习,不评价自己,也不关注别人。两天后,在实操环节获得了"优秀学员"的荣誉称号,最终意外获得冠军。

文章结尾总结:做任何事时都会遇到困难,只要专注并投入其中,往往就能获得意外惊喜。从结尾的总结不难看出,这篇文章想表达的主题是,专注和投入是克服困难的主要方法。但整篇文章几乎平均笔墨写了上述4件事,致使主题不够聚焦。4件事中的头两件和主题关系不大,写在前面会导致文章非常拖沓,读者读后并不知道写作者要表达的重点是什么。

如果要摆脱线性叙事,就需要结合文章的主题,筛选素材,并且只选择最能说明主题的。在这次为期7天的培训中,开始学习之前的请假、第一天的身体不适、前三天的焦虑和紧张都和主题关系不大，可以选择直接删掉，或者用二三百字快速铺垫。为了更准确地表达主题观点，应该详写第四天专注于练习的故事。

写故事不是拍纪录片，而是拍剧情片。写作者需要根据主题和写作意图，有选择地叙事，重新架构故事。

关键情节：根据主题选择素材

如果和主题有关的事很多，应该选择哪件事作为关键事件呢？

本书前面章节提到过一个案例文章，题为《新手妈妈400天，我终于学会了爱自己》（见第30页），在初稿中，她把重点放在了阐述新手妈妈有多辛苦上，用了大段笔墨描述孩子生病、喂夜奶、不够睡、独自带娃、憔悴失眠等细节。洋洋洒洒，真实但琐碎，主题也不明确。

改稿时，她重新梳理想法，发现自己并不是想写当妈妈有多辛苦，而是想表达如何从辛苦中发现问题，及时调整，找到自我。主题确定了以后，她选择了一个最具冲突性的关键情节：多日失眠后，她终于累到崩溃大哭，深夜一个人在小区暴走，边走边哭。

通过弱化诸多日常琐碎的细节，选择这个最富有冲突和矛盾的关键情节，故事可能更有张力。最重要的是，这和她的主题最相关。她就是在这次大哭之后，认识到自己不能再陷入全职妈妈的琐碎里，开始争取每周要有一天是属于自己的时间，不做妈妈，做回自己。

在"失去自我，找回自我"这条成长路径中，深夜暴走痛哭这个关键情节是故事的转折点,也充满了戏剧冲突,让人印象深刻。

为了给读者留下深刻的印象,写作者应该在众多事件中选择最能表达主题观点的,并在众多与主题相关的事件中选择最有戏剧冲突的那一个。

故事讲的是具体的事,而不是笼统的事

下面是一个学员的文章片段:

> 我经常容易犯想当然的错误。在做了一些事、收集了一些信息之后,就以为自己了解了全部,于是开始基于此做一些判断。事实证明,我经常以偏概全,得出错误结论。我就是这样一个心浮气躁、缺乏耐心、鲁莽的人。

这样的写法只是一种概述,不具体,很难让读者有代入感。从笼统到具体,就是从"很多次"到"那一次",从"每一天"到"某一天"的过程。在上面这个例子中,可以把"想当然收集信息,匆忙下结论"这一点改写成一件具体的事。

前面的章节提到过一个学员写的故事案例:"来大芬村后爱上画画的女店主"。

> 一家小店的店主,穿着大花裙子,正拿着画笔,给自家小店的墙壁画上地中海的碧波蓝天。
>
> 来大芬村之前,她的手没拿过画笔,来了之后,双手再也没有放下过画笔。她在这里结婚、生子,一眨

眼，人生已经过半了，没挣着大钱，但养家糊口管够。

"画了十几年了，也不知道还能做什么。我想继续画下去，在这里养老，也挺好的。"

这个故事看起来写了具体的事，甚至写到了人物的具体动作和对话，但故事中的人物还是模糊的。要让人物更具象，写作者应该抛弃对人物的笼统描述，抓住她的某个侧面，详写有冲突的具体的事。

这个普普通通的小店店主，可能还有其他哪些侧面呢？随意发散一下：

- 失恋后决定来这里隐居。遇到一个好人就嫁了，反而懂得了爱情的意义。

- 文艺青年追求诗与远方，但不得不回归现实生活，结婚生子、养家糊口。

- 想来这里淘金，发现赚不到大钱，却爱上了这里的慢生活，于是不再执迷于赚钱。

给模糊的人物赋予一个具象的身份，比如"失恋的人""文艺青年""淘金客"，这样的身份和店主这个身份叠加，就产生了有意思的戏剧冲突。人物因为有了 AB 两面，而变得更具体。

在诸多面向中选择最有冲突的一面，才得以让枯燥、笼统的内容变得更形象和具体。

把事实变成故事，是选择的艺术。写作者可以用故事化的叙事方式，邀请读者入场，让自己的观点悄然走进读者的心里。

变化的过程比结果更重要

营造反差和变化，让读者和你一起坐"过山车"

- 每周六，我都会去做 SPA（水疗），让自己彻底放松下来。
- 今天是我当全职妈妈的第 400 天，每周六，我都会去做 SPA，让自己彻底放松下来。

这是一篇文章的两版开头，你觉得哪个更有故事性？前者就是一个再普通不过的结果告知，后者营造了一种奇妙的反差。因为人们对全职妈妈的固化印象是忙碌的带娃日常，不太可能有时间去做 SPA，况且是每周一次。这是一个最简单的营造反差的例子。故事好看的核心就是有反差和变化，能超出读者的预期。

- 31 岁的她，工作顺风顺水。这天，万里无云，但她在开完一个冗长的例行会议之后决定裸辞，一帆风顺从来都不是她想要的。
- 她终于发完了今天的公众号文章，揉揉眼睛，准备下班。路过那家已经关门且熄灯的农业银行，她觉得恍如隔世，半年前她还是那里的大堂经理，每天要准备一百多个微笑。

开完长会后突然决定辞职的高级白领，从银行职员变身为新媒体编辑的工作者，这两个主人公的故事都因为变化而充满吸引力。**写故事就是写变化**。通常，好的文章都会有对比，有转折，有落差。故事也正是因为一直超出读者的预期，才能吸引读者看下去。写好的故事是邀请读者和你一起坐过山车，而不是在平坦的马路上骑自行车。

一个读书博主想创建图书共读社群，如何才能写出一篇有吸引力的个人 IP 故事呢？

- **版本 A 故事线**　我从小就很爱读书，现在每年能读完 100 本书。读书让我成长很快，我决定组建共读社群，带大家一起爱上阅读。
- **版本 B 故事线**　因为读书少、知识面窄，我丢过一个重要的合作，从此决定好好读书。但我硬着头皮读了很多本，发现并没有实质性的变化。于是我开始研究更有效的读书方法，发现常规读法都是错的。探索新的读书方法，年读百本，读书速度和对书中内容的吸收度都加倍了。新的读书方法让我快速晋升，成长加速。我想带大家一起用正确的读书方法获得真正的成长，因此决定组建读书社群。

版本 A 呈现了一个一年读完 100 本书的完美人设，足够优秀，但叙述比较平淡。版本 B 展现了一个变化（原来读书少，现在读书多）和一个反差冲突（一开始好不容易决定读书，发现读了没变化），不断地给读者意外和转折，因此更可能吸引读者一直读下去。

枯燥的故事大多是平铺直叙，有趣的故事包含更多转折。每多变化一次，故事的吸引力就上升一层。好故事，不止变化一次。你可以试着让故事多拐几个弯。

好故事详写过程，坏故事直奔结局

故事的核心是变化，这已经不算是什么新鲜的理论了。在实际的写作中，普通的写作者常常急于告诉读者结局，认为故事的结局最重要。但高明的写作者会着力描写变化的过程，过程才是给平淡故事"镶金边"的秘诀。

就像看电影，很多电影在我们进电影院之前就能猜到结局。但是为什么我们还一次次乐此不疲地走进影院？也许是因为观众往往容易被那些克服困难的过程打动，他们想体验如过山车一样刺激、激动人心的过程。对于结果，他们甚至早有预料。所以，写好故事的一个关键的观念转变就是，故事的变化过程比结局更重要。请用大笔墨描写人物克服困难的过程，而不要急于描写美满的结局（happy ending）。

因为什么而变化，变化的都是哪些方面，变化过程中人物的心路历程是怎样的，人物在变化的环境中做了什么。耐心写好这个过程，才能真的让读者一起进入故事，产生强烈的共鸣感。

把一段琐碎、冗长的经历写成一个丰满的好故事，本质上就是找到一条变化的线索。大多数关于"变化"的故事，都可以用同一个"光芒模板"来讲述。

光芒模板＝暗淡过往＋转折事件＋柳暗花明＋再次受挫＋新的光芒＋结局明朗＋感悟升华

- 暗淡过往：过去的状态，彼时的困惑、迷茫等。
- 转折事件：促使主人公逃离之前状态的转折事件。
- 柳暗花明：迎来第一次成长，并拿到期待的结果。
- 再次受挫：成长的路并不是一帆风顺，会有怀疑、倒退、纠结、反复等。

- 新的光芒：挫折和反复中的新转机。
- 结局明朗：故事的结局——主人公改变之后的样子。
- 感悟升华：经历过上述故事，可以总结出哪些道理、人生态度、解决问题的方法等。

我们可以试着用这个模板写一个减肥故事。

- 暗淡过往：我体形偏胖，处于亚健康状态，反复减肥终无果，得过且过。
- 转折事件：一次粉丝留言让我意识到，肥胖已经开始影响我的职业生涯了，于是痛下决心减肥。
- 柳暗花明：发奋努力，控制饮食，加强运动，终于瘦了2.5千克。
- 再次受挫：平台期减重变慢，体形变化不明显，被他人嘲笑，每天都很累也很想放弃。
- 新的光芒：决定求助专业私教，私教帮助我发现了自己的核心问题，按照专业方式练习，体形有了肉眼可见的变化。信心大增，决定继续坚持下去。
- 结局明朗：减肥成功，迎来了历史最低体重，身材苗条了，整个人看起来年轻了10岁，也收获了很多自信。
- 感悟升华：通过这次减肥领悟到，专业的事要求助专业的人。成功需要持之以恒，不轻言放弃。

用光芒模板讲个人故事，要把握好两个关键点。

详写过程，略写结果

大多数这类文章会把重点放在"新的光芒"和"结局明朗"上，因为这部分往往是写作者最得意的地方，会不自觉地用更多笔墨。写作者可能也认为只有充分展现好的结局，文章才有说服力。但实际上，变化都体现在过程里，如果套用光芒模板，应该详写"转折事件""再次受挫"，即展示过程中的挫折。过程中最容易产生戏剧冲突，产生丰富的情绪，而结局部分通常只能唤起一种情绪。

不要"一次就变好"，让结局来得慢一些

光芒模板是一个双高潮结构，两次高潮分别是转折事件和再次受挫。遇到挫折，克服困难，取得胜利，类似这种"一次就变好"的故事结构非常单薄，也稍显生硬。抛弃"一蹴而就"，让故事多变化一次，甚至要允许主人公在变化过程中偶尔有倒退、停滞、怀疑。让主人公多经历一些波折，故事的情绪也会更丰富，读者也会多一些共鸣。

不必急于告诉读者故事的结局，更不必精心塑造完美的主人公。最重要的是，让读者和主人公一起经历那些过关斩将的过程，体会转变过程中纠结、反复的心理变化。过程越艰难、波折，越能调动读者丰富的情绪。

呈现内心景观，找到人物的 B 面

在腾讯的某一次股东会议上，马化腾在谈到自己为什么选在中国香港上市时，他没有谈宏大战略，而是看似轻描淡写地说："希望我们的股民们和员工夫妻能在同一个时区见证这一刻，不影响睡觉。"就是这样一段看似非常不起眼的表述,瞬间引来了大批人的赞赏,大家纷纷表示:马董好暖,好有人情味。

大人物的小时刻,企业家身上的烟火气,既是反差,又很真实。想让人物更真实、可信,有血有肉,要想办法找到人物的B面,呈现复杂性。

再坚强的人也有强撑和差点撑不下去的时刻,再励志的人也有纠结、崩溃的一面,甚至人性中都有自私的一面,等等。不要只展示人物的A面,还要适当展示B面。只有让故事中的人物偶尔示弱,人物才会更鲜活,更贴近读者隐秘的内心,赢得更多共鸣。

真实的人物本身就是复杂的,呈现复杂性才能让故事更合理、顺滑。下面是学员写的一段开篇,这篇文章讲的是学员一毕业即在银行工作,但几年后决定辞掉银行工作,开始新工作的故事。开篇的背景铺垫是这样写的:

> 大学毕业后的第一份工作,你是按照自己的喜好选择的,还是按照家人的期许选择的?我属于后者。当时,我不知道自己内心真正喜欢什么样的职业,只知道"稳定"是很多人的选择。政府部门/银行成了长辈亲友的至高推崇,好像对于一个女孩而言,没有什么比在稳定的大机构上班更值得选择了。于是,我进入了一家国企银行工作。自己不做选择,别人就替我做出了选择。忙忙碌碌,稳步向前,4年后,我从柜员做到了副行长。每天超长时间待机,不仅朝八晚十,还有永远写不完的月度/季度/年度经营分析,熬夜通宵写报告是平常事。

这段开篇里有一些不符合常理的情况。"自己不做选择,别人就替我做出了选择",这里铺垫的是一个不情不愿、被动去银行工作的大学生形象。按常理推断,后面应该是一个对工作将就、应付,因为不喜欢而懈怠、迷茫的故事。但这个被动的女孩却在4年里,从柜员做到了副行长,故事急转直下,读者的情绪不得不生硬地跟着转变。没有情绪铺垫的转折,故事情节的铺陈极易变得不合理。

为了让转折更顺滑,需要提前做一些合理的铺垫,适度呈现人物的B面。修改后的开篇如下:

> 大学毕业后的第一份工作,你是按照自己的喜好选择的,还是按照家人的期许选择的?我属于后者。当时,我不知道自己内心真正喜欢什么样的职业,只知道"稳定"是很多人的选择。政府部门/银行成了长辈亲友的至高推崇,好像对于一个女孩而言,没有什么比在稳定的大机构上班更值得选择了。于是,我进入了一家国企银行工作。自己不做选择,别人就替我做出了选择。
>
> 乖乖女虽然被动,但也有优点,因为乖,所以责任心也是别人的好多倍。虽然我并不喜欢银行的工作,但责任心驱使我超预期完成每一件小事。
>
> 就这样忙忙碌碌,稳步向前,4年后,我从柜员做到了副行长。每天超长时间待机,不仅朝八晚十,还有永远写不完的月度/季度/年度经营分析,熬夜通宵写报告是平常事……这份在别人看来还不错的工作,为什么却让我感觉如此沉重?这种压抑让我的抱怨不断涌出。

增加的这段,写出了被动、迷茫的乖乖女的另一面:认真负责，兢兢业业工作。有 B 面的加持后，主人公通过勤奋、忙碌换来的职场快速晋升，就变得非常合理。

一个在选择上被动的人，同时也是一个在工作中积极主动的人；一份被安排的、自己不喜欢的工作，同时也做出了很优秀的成绩。这样编排让人物性格显得更立体、真实，故事的反差变化也更有吸引力。被动与主动，可以同时在一个人身上存在，个体本就具有多个维度的。如果只写执拗、被动、懒散等单一性格，恰恰会因为片面而失真。

好故事的本质是变化。更好的故事必然包含更合理的变化，而不是只有一蹴而就的改变和单一性格的人物。复杂、多维是真实生活的样子，也是好故事的样子。

写出现场感，邀请读者入戏

在好故事里，读者会不自觉地进场，与故事融为一体，分不清自己是在旁观故事，还是置身在故事之中。

想邀请读者入戏，要把一个丰富的场景推到读者面前，因为生活本身就是由一幕幕的场景展开的，就像电影。正是场景里的气氛、味道、温度、人物的动作、对话，以及一些微妙的情绪，让故事的情节变得更有质感。

太阳底下无新事，故事的情节往往大同小异，但不同故事里的场景、情绪等都有细微差别。

我的一个学员写了一篇文章，题为《激励孩子学习，物质奖励适得其反》，开篇是这样写的：

> 5点之前写完作业，就给你买瓶饮料。
>
> 只要数学考到95分，就答应你养宠物。
>
> 期末考试每门考到90分以上，暑假就可以出去玩。
>
> 你是不是也在这样诱惑、贿赂孩子？物质奖励随处可见，并且已经成为家长们教育孩子的"法宝"。但物质奖励真的有效吗？

这个开篇直接用实际生活中具体的场景来引入，甚至像是在每个普通人家里安装了摄像头。作为家长的读者很容易一秒代入。在表达同样的意思时，如果把场景去掉会是怎样的效果呢？

> 为了激励孩子学习，不少家长习惯用物质奖励的方式，但物质奖励真的有效吗？其实未必。

去掉"买饮料""养宠物""暑假出去玩"等这些具体场景之后，虽然意思也完全能阐述明白，但因为新版缺少场景铺陈，情绪表达和气氛烘托带来的代入感就会减弱。

作家黄佟佟在其一篇商业推广文中是这样描写一双乐福鞋的（原文摘录如下）：

> 随着年龄的增长，作为忙碌的职业妇女，我发现我越来越懒，以前我会在出门之前花一个小时来搭选衣服鞋子，但是我现在只想在三分钟之内想好。
>
> 其实最好是不用想，立即套上就可以走，因为每天实在有太多事情要去想、要去做决定，这些决定很大程度上决定了我是否可以更好地工作和赚更多的钱。我真的不想每天早上都把我宝贵的决定配额花在穿哪件衣服

和哪双鞋上。

……

我在小区里，我在田埂上，我在旅行中，我在博物馆里，总之，我就只想穿这双鞋，它拥有一种节省脑细胞的作用，不用管身上穿的是什么，蹬上它都很和谐。

前两段关于日常生活的描写，让一个又忙又懒又爱美的职场女性形象跃然纸上。后面"在小区里""在田埂上""在旅行中""在博物馆里"一下子把这双鞋放到了更具体的场景中，读者仿佛已经穿上这双鞋走过了那些地方。场景感带来的现场感，几乎是好故事的标配。加入一处生动的场景描写，即使是普通叙事，也会变得吸引人。想要写出有代入感的场景，有两个关键的方法：用文字勾勒丰富的画面；让写作对象动起来。接下来详细介绍这两种方法。

用"五感法"勾勒出丰富的画面

这是一个图文阅读的时代，但不用配图就能让读者在文字里看到画面的文章才更高级。在描写一件本来平平无奇的事时，如果用"五感法"就能写出富有画面感的文字。五感是指视、听、味、触、嗅，分别对应人的视觉、听觉、味觉、触觉、嗅觉。

在电视剧《长安十二时辰》里，阿枝在谈以后想过什么样的日子时，有这样一段独白。（背景：李必误入长安地下城，被关了起来。一同被关在囚房里的，是一个染上疮病的姑娘阿枝，她有轻生的想法。李必想让她重新燃起希望，于是让她说说自己以后想过什么样的日子。)

阿枝从前特别喜欢看长安的早晨,天上先是红色的,渐渐转了金色,卖朝食的阿婆头发梳得整整齐齐的,腰杆挺得直直的。手里那么几团几弄,一个夹着甜豆馅的团饼就做好了。贴到炭炉里,一忽儿就得了。那个饼,又香又甜,吃了叫人心里都是暖的。我想,等我老了,也要像那样干净麻利地活着,也要像那样做个小生意。

阿枝在描绘自己未来想要过的生活时,就用到了五感里的三种感觉:视觉(看到天空的颜色,阿婆的头发);味觉和嗅觉(又香又甜的团饼)。读者跟随着文字,脑子里自动浮现了那个宁静又烟火气十足的早晨,那个干净利落的阿婆。如果不用五感,阿枝想象中的日子可能就是"在长安城里做个小生意,干净麻利地活着"。对比一下,后者更显苍白、干瘪、毫无吸引力。

五感描写不仅适用于直接勾勒某个画面,还可以用来营造氛围,表达更丰富的情绪。举个例子,有一年北京雾霾特别严重,大概有7天都没出过太阳。对于这件事,大多数人可能会这样写:

冬天的北京真是不能待了,连续7天没出过太阳,简直像是人间炼狱。好想去南方,好想去大理,好想逃离。

描述普通且平淡,情绪也不够丰富。换用五感法来写,可能是这样:

北京已经连续7天都笼罩在雾霾里了,天空是深灰色的,连树好像都变成了黑色的。小区里,戴着大口罩的男孩被爸爸抱着，带着哭腔，小手总是试图去扯下口罩，但一次次被爸爸阻拦下来。

早上出门前深吸一口气后，走进这雾霾天，晚上拖着昏沉的脑袋再次回到小区，楼下邻居奶奶家照例传来阵阵饭香，夹杂了雾霾的刺鼻气味，这饭菜香也变了味道。

雾霾，在我们生活的细枝末节里，无孔不入。

这个版本用到了五感中的视觉、听觉、嗅觉。看到天空和树的颜色；听到小孩的哭声；闻到饭菜香。原版中的"人间炼狱"被更形象地勾勒出来。通篇没有用一个情绪词，却充满了压抑和让人想逃离的情绪。读者也仿佛置身在那年的雾霾天里。

在写作班中，很多人用五感法练习写出了特别有画面感的段落，这里再摘选两段。

片段1　写作者拍了一张孩子和奶奶的温馨合影，配了下面这段文字：

祖孙俩对望着，没有说话。奶奶的眼神里充满了宠溺，小孙女甜甜地笑着。米饭的香气飘到每个屋角，带着点甜。落日余晖透过窗户洒在桌子上，洒在祖孙俩的肩上，金灿灿的、暖暖的。

片段2　写作者描绘了一个"理想的早晨"。

灶膛的火力渐微，支棱的秸秆变成了一摊黑灰。拿几根木棍扒拉几下，几颗土豆露出了黑黢黢的圆脸。"哇，好烫！"白色贝母耳钉赐给手指一丝冰凉。

灶火烤土豆，是小时候的最爱，30年后终于被我复刻出来了。晨光透过牵牛花墙，给玻璃圆桌铺满明亮。

一杯清茶，3颗土豆，妈妈亲手熬的家乡黄豆酱。3只麻雀来打劫，趁我去澡堂，吃掉了月季枝丫上刚长出来的嫩叶。算了，你们要吃点绿色食品养养生，不跟你们计较。

上班的都走啦，上学的都走啦。就剩我一个。全世界最好吃的土豆都是我的。

在一段场景描写中，五感未必需要全部用到，即使只用其中的两三个，也会让文字立刻生动起来。不妨回到自己的感觉上来，用文字勾勒画面，把你自己看到、听到、尝到、触到、闻到的都写下来。

让写作对象动起来

动作描写是让场景有现场感的关键。主打文艺女装的淘宝服装品牌"步履不停"曾经有一条流传甚广的广告文案：

> 你写PPT时，阿拉斯加的鳕鱼正跃出水面；
> 你看报表时，梅里雪山的金丝猴刚好爬上树尖；
> 你挤地铁时，西藏的山鹰一直盘旋云端；
> 你在会议中吵架时，加德满都的背包客一起端起酒杯坐在火堆旁。
>
> 有一些穿高跟鞋走不到的路，有一些喷着香水闻不

到的空气，有一些在写字楼里永远遇不见的人。

鳕鱼跃出水面，金丝猴爬上树尖，山鹰在云端盘旋，背包客在火堆旁端起酒杯——这些都是非常具体的场景和画面，最重要的是全部都是动作描写。把这些动作描写和"写PPT、看报表、挤地铁"等动作描写放在一起，形成了强烈的反差对比。

这样一段看起来文笔很棒的文案，不能没有动作描写的加持。如果把场景和动作描写都去掉，变成普通的叙事，可能会是下面这样：

> 当你每天苦哈哈地工作时，这个世界的其他角落正在展现非常奇妙的景观，那是被困在写字楼里的你将永远错过的华美景象。

虽然两版的意思一样，但二者引发的共鸣感却相差甚远。营造一个有动感的场景，会产生化腐朽为神奇的叙事效果。

下面这首名为《立夏》的诗歌，作者是莽汉派代表人物马松，也是我做图书编辑时的师父。

> 今日立夏，人们从梦中醒来，
> 看见春天脱手而出；
> 看春天远成飞鸟，飞鸟远成心跳，山青暗香，水秀夺人；
> 樱桃、青梅与新麦，还是山盟海誓那样；
> 今天，阳光插在身上，也叫插秧；
> 阳光也是人身上的毫毛，悲伤得发光；
> 今天，每一阵吹过的风，都是金风、耳边风；

天地初吻，一场铺天盖地的雷雨就要在舌尖上翻滚，

这让我想起一生那些与你相依为命的旧日子。

春天脱手而出，阳光插在身上——拟人的修辞手法让这种最平平无奇的景物都动了起来。

下面是我的文章《原来我们都有机会过不一样的生活》的节选片段。

刘叔叔是四乡八镇有名的摄影师，每逢赶集、庙会，他都会支个棚子，给大家拍照。我小时候的所有照片，都是他给拍的。听老爸说，后来大家都流行去县城的影楼拍照片。在庙会拍照的人越来越少，刘叔叔的生意慢慢做不起来了，索性就关门了。老爸说，其实我们当年劝过他好多次，去县城开家婚纱摄影店。当时县城还没开几家，凭他的手艺，完全没问题。不过他没那个魄力，说投资要好多钱，万一赔了，这么多年攒的钱就全打水漂了，可能连儿子结婚盖房的钱都搭进去了。

事实是，保守的刘叔叔没有去县城开影楼，而是用他的所有积蓄，盖了全村数一数二的漂亮房子，让儿子娶了媳妇。

之后，他和村里大多数中年男人一样，去了建筑工地打零工。县城里的婚纱摄影店开了一家又一家，每家都人满为患，生意好得不得了。

刘叔叔在庙会期间支棚子拍照，他被迫关门，他盖房子娶

儿媳妇，他在建筑工地打零工——人物的动作描写能够快速地串起他的整个故事。通过这些动作描写，读者能快速了解人物的选择，以及其行动背后的想法和内在动机。也正因为使用了这样一连串的动作描写，我才有可能仅用 300 多字就写完一个中年人一生的故事，不啰唆，线索清晰，主旨明确。

从寡淡到丰沛，饱满情绪如何自然流淌出来

情绪不是喊出来的，是从情节里流淌出来的

故事的表象是叙事，内核是情感抒发。好故事会让读者和主人公感同身受。如果一个故事不能赢得读者的情感共鸣，它就会显得暗淡无光。正如前面提到的品牌"步履不停"的广告文案："你写 PPT 时，阿拉斯加的鳕鱼正跃出水面；你在会议中吵架时，加德满都的背包客一起端起酒杯坐在火堆旁。"当下的苟且较之于远方的惬意，落差带来的沮丧和向往，是职场打工人的情感共鸣。

很多人认为情感抒发无非是故事结尾时的感慨、抒情。其实不然，情绪最好能自然流露，在整个故事中不断渗透，自然流淌。情绪不是写作者拿大喇叭喊出来的，应该让读者自己去感受。

举个例子：

> 我们家的所有长辈都有稳定工作，我也自然而然、半推半就"服从"了家人给我的人生规划——考公务员。
>
> 考上公务员后，我做了一年多的秘书，工作还算出

色,只是我越来越焦虑、迷茫:"难道我的人生就只能这样了吗?这是我想要的生活吗?"在很长一段时间里,我反复自我苛责,自卑感、无力感一直困扰着我。

虽然这个故事里的情绪很丰富,包括"焦虑""迷茫""自卑感""无力感",但读完却很难让我有共鸣。我们好像不太懂写作者的情绪来源,即她为什么会产生那些情绪。

如果修改一下呢?

我们家的所有长辈都有稳定工作,我也自然而然、半推半就"服从"了家人给我的人生规划——考公务员。

考上公务员后,我做了一年多的秘书。我每天只需要按照既定的模式工作,而且每天的工作,也完全谈不上有什么挑战性。我像一个机器人,一年365天,每天都是如此。

身边比我大10岁的同事,已经像这样重复工作了10年,未来可能还要一直这样下去。看到他们,我似乎已经提前过完了接下来的10年,甚至是20年。

工作越来越熟练、出色,而我却越来越焦虑,我才25岁,我的人生就只能这样了吗?不这样,还能怎样?外面的世界所需要的工作能力,我还具备吗?

焦虑、自我苛责、无力感时刻困扰着我。

新增的片段把故事情节铺陈开来,读者仿佛跟作者一起看到了她每天枯燥的工作,以及那些同样机械性地做着重复工作的同事们，一下子就和作者有了共鸣。即使写作者没有使用太多抒情的词，字里行间的情绪也已非常饱满。

抒情必须依托于事实，让读者也有作者的经验，才能跟作者感同身受，产生共鸣。 因而不要急于抒情，只须把笔墨用在对具体事实的铺陈上，余下的让读者自己来感受即可。

克制对情绪词的使用，不代表完全不描写人物的情绪，也不代表只要阐述事实真相就可以。始于叙事，终于抒情。如果不是为了表达某种情感和情绪，所有的情节都不必铺陈。

举个例子，下面是一篇文章的开头片段，文章主题是"分享如何养成早起的习惯"。

> 很多上班族想利用空闲时间学习新技能、提升自我。但是很多人经常加班，下班回到家后就已经非常累了，而且有孩子的家庭还要照顾孩子、做各种琐事。等他们把所有事都做完，可能已经是深夜了，如果他们这时候再想熬夜学习，很可能一点精力都没有了。
>
> 过去几年，我虽然业余时间都用在自我提升上，但是投入的时间并不固定，有一种三天打鱼两天晒网的感觉。这种不稳定的时间投入不利于个人的提升。
>
> 于是我开始尝试早起，半年下来，积累了很多经验，分享给大家。

和前面的案例刚好相反，写作者没有拿大喇叭感慨、抒情，文字极其平静、客观。这段文字用到的情绪词几乎为零，只有事件和信息，完全没有情绪传递，很难引发读者的共鸣。就像远远地看到万家灯火，但没有走进任何一家人的家里，因此故事没有温度。

情绪抒发需要有载体，这个载体得是具体的人、具体的场景。加了具体场景、故事和人物定位之后，新的版本如下：

自从各种网课兴起，我的碎片时间几乎全部都用来上课学习了。

地铁通勤30分钟囫囵吞枣听一节课，睡前忍着困意看几页书，刷牙时听英语磨耳朵……（具体场景。）但是3年过去了，把碎片时间用到极致的我，还是原来的那个我。（转折和反差。）

没有彻底掌握一个技能，没有读透过一本书。（带情绪的信息。）

转变发生在2021年，刚过完前6个月，我已经输出了44篇完整的文章，看完了25本书，通过了职业技能考试——这些成果是之前3年的总和。（具体的故事信息。）

我做的最重要的事，就是放弃对碎片时间的执念（情绪词），每天努力空出2个小时稳定的、大块的个人时间。

作为一个有家有娃、工作996的工程师奶爸（有具体身份的具体人物），每天空出来的这2个小时于我而言十分奢侈（情绪词）。但是其实方法很简单，就是让很多人又爱又恨（情绪词）的"早起"。

和大家一样"早起失败"（带情绪的情节）100次之后，我终于找到了不"打鸡血"（情绪词）、不费力（情绪词）、自然而然的早起习惯养成方法。

前后两个版本，区别非常明显：一个是平淡的笼统叙事，一个是具体人物的具体故事。在读后面这版时读者不断被邀进入这个故事，和这个工程师奶爸感同身受，而且读者很容易联想到自己生活中时间不够用的那些场景，进而产生极大的情绪共鸣。

具体人物、具体场景、具体信息，以及直接的情绪词，让这个故事充满了感染力。但这些情绪又都不是用文字堆砌出来的，而是在字里行间自然地流淌出来的。

袒露丰富的内心活动，让情绪有更多层次

想让情绪更饱满，就要让人物不止有一种情绪，呈现人物丰富的内心景观。

下面是一段学员习作：

> 今年，我成了新手妈妈，角色的变化，促使我重新思考自己的职业规划。作为职场妈妈，每天早上起床后，我总会悄悄凑到孩子身边多看两眼，闻闻他身上的香气，再匆匆赶去上班，心中不免多了一份牵挂和不舍。
>
> 我决定激活自己的写作能力，为变换职业赛道做准备。好巧不巧，在5月20日那一天，我看到了叨叨老师写作私教班的推送信息。犹豫了几天之后，我迈出了第一步——报名参加写作班！

在这个故事中，写到职场妈妈对孩子的不舍时，用到了具体

场景，非常有代入感。但突然转变到报名参加写作班时，只是简单地写到"犹豫了几天"，读者其实并不知道写作者在犹豫什么。"犹豫"这个词是有情绪冲突的，如果想让读者产生共鸣，不妨把内心景观更直接地描写出来。

对犹豫的情绪进行扩展后，后半部分修改如下：

> 好巧不巧，在 5 月 20 日那一天，我看到了叨叨老师写作私教班的推送信息。
>
> 虽然很想立刻报名，但我还是犹豫了。白天上班，晚上带娃，我的时间已经被榨干了，再要抽出大块的时间学习，我能完成吗？如果学完依然没办法变换职业赛道，花这么多时间值得吗？
>
> 犹豫再三，我突然想起自己之前每次取得大的进步，都少不了吃一些苦，无一例外。所以我决定再逼自己一次，报名参加写作班。

呈现内心景观是非常好的润滑剂，它能让故事的转折不至于那么生硬。读者未必和你经历过同样的事情，但一定和你有一些共通的情感，哪怕你的事情是独有的，也能让大众产生共鸣。

想引起共鸣，要呈现更丰富、更真实的情绪。如果像原文那样，因为巧合看到写作班而报名，情绪就会显得很单一。加入矛盾、纠结的心理，情绪立马就丰富起来了。人的情绪本身就是复杂的，只有展现这种复杂性，才能展现真实。

在一篇分享婆媳相处之道的文章中，写作者开篇写了新手媳妇是如何准备迎接婆婆的到来的。

我和先生在广州定居，公公婆婆在农村老家生活。真正考虑两代人一起共同生活，是因为我在孕晚期时，经常被以后带娃还是工作这一两难问题困扰，所以我们决定邀请婆婆来广州一起生活。之前也就过年回老家时和婆婆短暂相处几天，并不熟络。虽说日久见人心，但如果能提前预设问题，花点心思，让对方感受到被重视，就能为日后的和睦相处打好基础。

于是为了让婆婆顺利融入我们这个小家，我们开始做了一系列的准备工作，第一步就是给她装修一间符合她风格的卧室。

这段文字讲述的故事很完整，但情绪比较单薄，我们似乎只看到了一个欢欢喜喜准备迎接婆婆的儿媳妇形象。但实际上，婆媳之间有很多更复杂的情感，如果足够坦诚，写出这种复杂性，情绪就有了更多层次。迎接婆婆的到来时真的只有满心欢喜吗？没有担忧吗？没有妥协、取舍吗？经历了怎样的心路历程？

通过继续追问，展现情绪的复杂性，这个片段最终修改成下面这样：

提到婆媳相处，很多人觉得大部分问题都是出现在和婆婆同住一个屋檐下时，实际上，问题出现在决定同住的那一刻。决定邀请婆婆和我们一起生活时，大家都有一些隐隐的小担忧，虽然彼此都没有明说，但我有，婆婆有，先生更可能有。

但是经过理性的分析发现，未来至少10年甚至更长的时间我们都要和婆婆一起住，这是一个我们必须要面对的客观事实。既然如此，与其全家当鸵鸟，不如直面问题，主动出击。于是，我和先生推演了婆婆有可能出现的一些担心，决定在接她来之前，先打消她"去儿子家看孩子，准备好被嫌弃"的想法，让她感觉是回自己家，并且切实感受到我们的重视。

那段时间刚好在装修新家，我和先生临时调整方案，打算按婆婆的喜好装修一间她的专属卧室。我每天都会在家庭微信群里分享装修情况，让她了解装修进度、参与选品。她嘴上虽然没说什么，但她和我的交流明显多了起来，不像原来那么拘谨和客气。

为婆婆设计一间符合她心意的卧室，让她提前熟悉新家的环境，感受到我们对她的到来的期待，是我为建立良好婆媳关系迈出的第一步。

慢慢地，大家从最初的隐隐担忧，变成了一种心知肚明的彼此体恤。

修改后的版本把"欢欢喜喜"的情绪升级了，写出了婆媳相处这件事背后可能有的更复杂、丰富的心态，有担忧、有妥协、有期待，也有努力。更微妙、更丰富，也更真实。想写出真实丰沛的情感，可以问自己两个问题：我的心态经历了哪些变化；故事中的其他人物有怎样的情绪变化。在这个故事中，写作者既阐述了小两口的情绪变化，也间接展现了婆婆的情绪变化。

要想让人物的情绪更丰富，关键就是不隐藏，不隐藏人物的负面情绪，不弱化那些情绪变化的过程，耐心展示细微之处。

个人故事如何写才能引发共鸣

在写你自己很难忘的故事时,即使写得涕泗横流,读者也可能无动于衷。如果想写好个人故事,引发读者共鸣,写作者需要从一种情绪,上升到一类情绪;从抒发自己,到替读者表达他们自己的情绪。

过33岁生日时,我写了一篇文章,题为《33岁,我心中的怕和爱》。这篇文章写到了我妈妈去世这件事,进而探讨了衰老和死亡这两个主题。

> 14天之前,阴历的十月初五,是我妈妈的忌日。一年前的这天,她在我的注视下,完成了最后一次呼吸。
>
> 我永远无法忘记那一刻:弥留之际,她最后的三次呼吸。每一次呼吸都用尽了她的全部力气,每一次呼吸都像一辈子那么长。我还在等她继续用力喘下一口气,却再也没有等来。她的嘴唇保持微张的状态,像还有很多话没有说完。但是那眼神里的微光却骤然消失了。
>
> 不管你的一生经历过什么,此刻,这个世界跟你再也没有关系了。这一辈子过得是否如意,是否还有遗憾,是否值得,甚至你还有一粒没缝完的纽扣——都不再有任何机会。

这篇文章我写得很克制,无论是对具体情节的描写,还是对情绪的抒发。我没有用大量篇幅写对妈妈的思念和爱,更没有借此去回忆她生前的种种。因为那些情感太过私人,对读者来说启发性不是很大,所以,我重点借妈妈的事探讨大众的普遍情感,关于遗憾、值得、机会和每个人与世界的关系。这些是人类共通的情绪，而不仅仅是我个人的情绪。在众多情绪中，我选择表达这类情绪，也是替读者表达。

表达个人情感当然是有意义的，我可以写很多篇纯表达思念的个人日记。但如果我想把这篇文章公开发表出来，就要避免陷入对个人情感的抒发，多关照大众情绪，探讨更广的层面。

如何才能触动大众情绪呢？其实有一个最简单的方法，就是把情绪的复杂性和丰富性写出来。真实是最打动人心的。

下面这段还是我《33岁，我心中的怕和爱》一文的片段，写到了处理完母亲丧事之后的事。原文有一个关键的背景交代：妈妈是生重病、瘫痪在床了两年多之后去世的，在妈妈得重病的这段时间里，一家人其实都身心俱疲。

> 妈妈去世后，我突然得到了从未有过的轻盈和自由。
>
> 一方面她的病痛终于不再是我日日夜夜的疙瘩，另一方面，有过失去至亲的哀伤，我开始明白，无论谁离开了，地球仍在继续转动，其实世上没有"天塌了"这回事儿。
>
> 回到北京，我很快就投入了以往规律的生活。除了偶尔体验午夜梦回时的神伤，一切竟仿佛从未发生过。我惊愕于自己的情绪修复能力，也终于明白于自己和家人而言，死亡所带来的伤痛，都终将被时间抚平。
>
> 因为我曾经站在终点，所以不再惧怕任何归途。

"至亲离世后的哀伤"是人类共通的情绪，但想要让表达更精准，写作者需要洞察到当时的情绪并非只有"哀伤"这一种，还有一种微妙的"解脱感"。

尽管十分哀伤，但天没有塌，生活也很快如常继续。一件天大的事，竟然也会给人带来一种它从未发生过的平静错觉。"对情绪修复能力的惊愕"实际上也是一种隐隐的自责——我为什么没有一直哀伤。

共鸣一定是因为真实。而真实的情绪往往是复杂的。

如何讲好自己的故事

人一生要讲很多故事，如果你也想靠故事提高影响力，我建议你先学习如何讲好自己的故事。关于你是谁，你有怎样的魅力，你有怎样的价值观，你为什么值得信赖，都可以通过讲好自己的故事来回答。

不管是在职场上、在创业中，还是在打造个人品牌等方面，我们都需要说服别人信赖我们，喜欢我们甚至为我们的产品付费。我们每天都在讲自己的故事，只不过有人讲得好，有人不会讲。

讲好自己的故事，是最温润有力的说服。

讲好个人故事，要追问自己 4 个问题

我们已经知道，故事是对事件的筛选和编排，是打破线性叙事，选择事件的截面。所以，写故事之前首先要进行思路梳理，需要追问自己以下 4 个问题：

- **目的** 我想达到什么目的？需要好好讲个人故事的场合，通常带有较强的目的性。要么是为了争取机会，要么是为了打造自己的个人品牌。所以，首先要问讲个人故事的目的是什么，不同的目的决定了要选择的事件的截面不同。

- **读者** 这个故事是写给谁看的？在讲故事时，对象感的建立尤其重要，针对不同类型的读者，选择的故事写法也会不同。

- **观点** 我到底想表达什么意思？在故事中提炼自己的核心观点，是把故事写出影响力的关键，否则就会变成简单的事实铺陈。最好能赋予故事以意义，赋予故事以观点。

- **关键事件** 哪些关键事件足以论证上述观点，达到上述目的？基于目的、读者、观点的梳理，我们可以判断选择故事的哪个截面，也就是选出可以支撑主题的关键事件。关键事件的选择，可以帮助我们去芜存菁，最大限度地避免冗长，让故事更精彩。

对上述 4 个问题的梳理，是写好个人故事之前最重要的梳理。不管是只有几十个字的短故事，还是几千个字的长故事，不管是图文还是视频，口头表达还是书面表达，它都适用。

下面来介绍如何写好时下最常见的 4 种个人故事：自我介绍、IP 故事、产品故事、社交分享。

自我介绍：如何讲好一个短故事

无论是在商务合作、面试、行业聚会、社交活动中，还是在相亲时，我们都需要做自我介绍。但很少有人意识到，好的自我介绍，其实就是在讲一个关于自己的微型故事。

我有个 CEO 朋友分享过她是如何提高合作成功率的。有一个方法就是让每个员工都打磨一份很厉害的自我介绍。合作洽谈，不管是在线上还是在线下，都需要做自我介绍。通常大家都是这样写的：

大家好，我是 ×× 公司的 ××，以后负责对接 ×× 项目，请大家多多关照。

这样的自我介绍，没问题，但不够好。朋友公司的员工自我介绍模板如下：

- 我是谁
- 我是什么岗位
- 我在此次项目中负责哪些业务
- 我负责过的同类品有哪些，曾经做出过什么厉害的成绩
- 我有信心胜任这个项目

基于这个模板的完整版自我介绍如下：

大家好，我是麦子，目前在一帆公司做课程运营，很荣幸参与本次商业美学课项目。这次由我负责设计课程的整体运营方案。

在公司工作快两年了，我一共负责过 8 个课程的整体运营，总销售额超过 1000 万元。其中有一套形象顾问认证课程，由我负责整体运营方案设计和课程落地，创

造了全部课程 3 天售罄的纪录，总销售额达 100 万元。

我对这次的商业美学课项目很有信心，我不仅相信贵方的课程质量，也相信我自己的经验和我们公司的运营实力。所有与运营相关的事务，都交给我，我保证都能处理妥当。期待课程大卖，合作顺利！

这份自我介绍，核心目的是让合作方信赖自己。它所暗含的观点其实是"我很厉害"，并为这个观点选择了销售额达 100 万元的项目操盘经历作为关键事件。整个微型故事既精练，又五脏俱全。这种故事型自我介绍，拥有极大的影响力和说服力，能为后续合作开个好头。哪怕她只是一个基层员工，她在后续合作中的发言也会很有分量。

每个故事都要有写作意图，在职场面试中的自我介绍也是这样，要打破流水账式的线性叙述，根据目的调整叙事结构。

流水账式自我介绍：

我在 A 公司新媒体部门工作过两年，职位是部门经理，工作内容是完成微信、微博、抖音平台的日常更新，熟悉所有新媒体平台的内容制作流程。

故事型自我介绍 = 职位 + 主要工作内容 + 成就事件（数据 & 概念包装）+ 能力积累

过去两年曾在 A 公司担任新媒体部门负责人一职，带 5 人新媒体团队，负责公司两微一抖（微信、微博和抖音）平台的运营。

作为团队负责人，日常工作内容包括带领团队完成选题策划、多媒体内容制作、数据分析、用户运营等。

两年里全平台共涨粉 50 万，完成了企业抖音号从 0 到 1 的搭建，最高一次带货销售额是 100 万元。

这两年我掌握了新媒体操作全流程，沉淀出了完整的新媒体运营方法论，可以独立带团队，完成业绩突破。

上述这个例子，看起来只是改变了叙事结构，但核心点还是基于目的和读者分析，确定自己要传递的观点，并为此选择有说服力的关键事件。这个故事传递的观点是"我是个成熟的新媒体负责人，我是个有实战业绩的人，我是个可以带团队的人"。在面试中做自我介绍时，不是只要告诉面试官你都做过什么就行了，而是要用故事化的叙述，向面试官证明你是一个怎样的人。

我们需要基于写作意图判定要写一个什么样的故事。我是要写"我很厉害"，还是写"我是个有开拓精神的人"，还是想突出"我是个实战型领导者"。不同的写作意图，决定了选择哪些关键事件，从哪些角度来写，以及如何用具体实例、数据和场景等故事细节来论证。

如果是在职场环境下，我们只能也最好多展现自己专业的一面；如果是要创业，做副业，或者打造个人品牌，那么故事通常需要既能展现自己的专业，又能凸显自己的个人魅力。对于做个人品牌的人来说，可以用三句话讲好一个名片故事。

名片故事＝职业身份定位＋生活化标签＋价值观和人生态度

职业身份要根据个人品牌定位，挖掘出自己的特点，给这个职业加一个定语。比如"优势解读师"是一个职业身份，但是"最擅长梳理关系的优势解读师"就是一个有定位、有特点的介绍；"写作培训师"是一个身份，"全网最犀利、最会提问的写作培训师"就是一个有特点的介绍；"形象顾问"，就不如"10年销售，懂人性知人心的形象顾问"有说服力。总之，职业身份结合定位，可以帮你与其他人区分开来。

生活化标签也必不可少，因为它代表了你职业之外的个人温度，会增加很多亲近感。这里列举一些常见的生活化标签："1岁女孩的妈妈""湖南塑料普通话选手""来自臭豆腐和茶颜悦色的故乡""抠门爱钱的金牛座""每天都在买买买的路上""一级吃饭运动员"等。你可以选不同角度来写，也可以选择不同的表达方式，可温情可幽默，根据个人风格和表达场景来调整就行。

价值观和人生态度，看起来不算是故事的一部分，但做个人品牌一定要有。可以是生活态度，也可以是对特定专业的独特认知。比如，生活博主可能会写"人生苦乐，好在你可爱"；减肥博主可能会写"先吃饭，再减肥"；职场博主可能会写"人生就是不断折腾和清零"；读书博主可能会写"不是每本书都值得读，我只分享值得反复阅读的"。总之，需要不断提炼出你在这个专业领域的独特见解和价值观，并把它们总结成一句话。

IP故事：如何讲好一个"人设"故事

一篇个人IP故事几乎已经成了做个人品牌的标配。我们需要通过故事介绍自己的专业、凸显个人魅力、传递价值观，并且推广我们的产品或服务。长故事和短故事，本质上是一样的。

我有个朋友最近学习了优势解读相关的课程，于是她打算开辟一个小副业，做优势解读个案咨询。以下是她写的 IP 故事的初版大纲（篇幅所限，下文将用省略号代替部分文字，方便读者看清楚故事线索）：

> 嗨！我是一诺，一个善变的双子座姑娘，我的家乡是……小时候，我梦想成为一名写作者，长大后，我就真的做到了靠文字养活自己，有时候想想，都觉得不可思议。
>
> 我热衷于旅行……也特别擅长分析他人的优势……
>
> 2017 年 5 月，我离开了工作过 5 年的某银行，开始学习写作……同年 11 月，我成了一名新媒体情感编辑……2020 年 4 月底，我又辞职，从零开始做自由职业……2020 年 12 月底，一份离家近、待遇好、有双休的宣传工作找到我，我又开始了朝九晚五的工作。
>
> 生命在于折腾，现在的我，在做主业的同时，又在付费学习优势解读课程……一路走来，现在的我，终于找到了自己的优势所在，向内看，自己去找答案。
>
> 2021 年，我想对自己说：梦想不灭，就是每个普通人的英雄主义。

这个写作者身上是有故事的，经历过很多职业方面的探索，我们大概能看到一个勇敢、不断折腾的姑娘的形象。但如果我们回到起点并追问：写这个故事的目的是什么呢？写作者的答案是：希望读者看完自己的故事，对优势解读感兴趣，并且能来找自己付费咨询。

这个故事写完，她自己也不是很满意："我的故事好像太普通了,并没有让人感觉很厉害。另外,尽管写了这么多,但好像和优势没什么关系,也不太能让读者愿意马上为我付费。"

IP 故事如果仅仅停留在完整讲述自己的经历层面,就会让读者觉得普通且没有说服力。每篇文章都要有自己的观点。目前这篇文章传递的观点是"我是个勇敢、不断折腾的姑娘"。对于"勇敢""爱折腾",读者可能会因此产生共鸣,但距离为你付费、相信你的专业性还很远。怎样才能让故事既打动人心,又说服别人信赖自己呢?可以带着以下 4 个问题再次审视这个故事:

- **目的** 我想达到什么目的?

  希望通过写自己找到优势、顺应优势的故事,吸引那些对未来感到迷茫的人,主动联系我,找我做付费的优势解读个案咨询。

- **读者** 这篇文章是写给谁看的?

  写给那些觉得自己普通,不知道自己的优势是什么,也不知道怎么找到自己的优势,在现在的工作和生活中常常碰壁的人。

- **观点** 我到底想表达什么意思?

  通过专业的优势解读,你可以更快地锁定自己的优势项,避免像曾经的我一样在错误的方向上努力。

- **关键事件** 哪些关键事件足以帮助我论证上述观点,达到上述目的?

  如果只讲 3 个关键事件,那应该是:银行工作,没有顺应优势,做事状态很糟糕;碰运气找到写作这个优势带来的改变;写作遇到不顺时,专业的优势解读让我坚定信心,找到突破点。

经过这样梳理,这篇 IP 故事文就回答了"为什么要做优势解读"和"为什么要找我做优势解读"这两个核心问题。找到优势可以让自己少走很多弯路,找优势的过程可以不必像我一样不断碰运气、试错,通过专业的解读可以少走弯路,提高效率。同时,因为我自己经历过找到优势的过程,个人经历和专业知识的加持,让我可以成为很懂你的咨询师。

最终,她这篇 IP 故事的关键词就是"找到优势",而不是之前版本里的"不断折腾""掌控人生""梦想不灭"等。让故事紧紧围绕"优势"这个关键词,这样不仅能讲清楚自己的故事脉络,也能充分展示"找到优势"后的效果,让读者对优势解读咨询感兴趣。

内容聚焦,表达就更有力。故事本身永远只是手段,不是目的。另外,这个故事同样也是一个讲述主人公成长和变化的故事,可以用前面讲过的"光芒模板"来梳理结构(见第 174 页)。

光芒模板 = 暗淡过往 + 转折事件 + 柳暗花明 + 再次受挫 + 新的光芒 + 结局明朗 + 感悟升华

- **暗淡过往** 过去的状态,彼时的困惑、迷茫等。

    随大流去银行工作,不喜欢这份工作,工作时不在状态,即使再努力也做不好。

- **转折事件** 促使主人公逃离之前状态的转折事件。

    因为一次偶然的机会看到了写作课的推送信息,从小的作家梦再次燃起。为自己热爱的事奋进,像"打鸡血"一样,不知疲倦。决定辞职,去寻找与写作相关的工作。

- **柳暗花明** 迎来第一次成长,并拿到期待的结果。

成为新媒体编辑，每次换的工作也都和写作相关。虽然还是辛苦，但一直在做自己热爱的事，觉得很开心。

- **再次受挫** 成长的路并不是一帆风顺的，会有怀疑、倒退、纠结、反复等。

  职业瓶颈期，写的稿子被批得一无是处，第一次怀疑自己的优势，陷入新的迷茫。

- **新的光芒** 挫折和反复中的新转机。

  迷茫中到处找人咨询，朋友帮忙解读优势，再次确定写作是天赋也是优势，于是有了继续前进的力量。工作卡点被顺利解决，工作能力逐步增强。

- **结局明朗** 故事的结局，主人公改变之后的样子。

  坚定了自己的优势和热爱，拥有了无穷的力量。

- **感悟升华** 经历过上述故事，总结出哪些道理、人生态度、方法方向等。

  基于优势找工作既幸福，又高效。专业解读可以避免走弯路、碰运气，更快找到自己的优势。

通过梳理光芒模板的7个部分，写出了自己的几次转变，具体的变化路径如下："走弯路逆优势—碰运气找到优势—迷茫时专业解读坚定优势"。

这个故事会让读者自然代入进去，觉得自己可能就是那个依然在走弯路的人，也可能是那个到处碰运气找热爱、找优势的人，也可能是那个摇摆不定、纠结的人。主人公的个人故事不仅可以给读者启发、引发共鸣，也能让读者对"专业的优势解读"产生极大的兴趣，从而达到讲这个故事的最终目的。

你的故事肯定有很多精彩之处，关键是你想呈现自己哪方面的精彩，你想讲的是哪个版本的"你"。不妨为自己的故事多找两个"转折"，让这两次转变成为故事的两个高潮。使用双高潮的光芒模板，每个人都可以把自己的故事写得直抵人心。

把握 3 个关键点，用故事来卖产品

做个人品牌一定离不开卖产品，可以是实体产品，也可以是虚拟服务。以前消费者买一个东西，就是买这个东西本身，要么是因为产品款式漂亮，要么是因为刚好需要。但现在，消费者的很多需求通过网购就能满足，而且消费者很容易被商品详情页上的某个故事打动，随即下单购买。这就是故事的说服力。

用故事来卖产品，要做到 3 个方面：解决一个问题 / 困惑；赋予物品一个情感属性；给读者一种美好的期待。

解决一个问题 / 困惑，其实就是给读者一个购买动机，如果不写出他的问题和困惑，他压根不会觉得这件事和他有关系。推荐一个理财课程，解决的是用户不会理财的具体困惑；推荐一款有机农产品，解决的是用户的食品安全焦虑；PPT 设计师，能给那些不会做 PPT 的人提供高级演示效果参考。核心问题一个就够了，比如在推荐一款面霜时，如果它同时能美白、补水、去皱，那就等于是没有特点。同理，应该找到用户在某个需求上的核心困惑，一个就够了。

赋予物品一个情感属性。卖苹果时，如果只说"这种苹果太

好吃了",就会让人觉得很普通。更明智的做法是给它赋予一种情感属性,比如"甜过初恋""只卖每棵苹果树上光照最好的那10%的苹果""最丑的苹果最甜"。

我有个朋友在做女鞋品牌,品牌的广告语是"做最舒服的平底鞋"。"舒服"是一种很具体的感受,但没有情感属性。更好的广告语或许可以是"鞋柜里最自在的那双鞋"。"自在",就是一个有情感属性的词,它既是在说鞋,也是在说人的精神状态——松弛、自由。

给读者一种美好的期待。如果让你推荐一款可以记录每日饮食和健身计划的本子,要怎么讲故事?"推荐一款好用的本子,方便记录,符合大多数健身达人的使用习惯,让你轻松养成好习惯,收获健康",类似这样的表述极度缺乏吸引力。换成让人有美好期待的广告语呢?"每个女孩都渴望一次变身,写满这一本,换一个新我。"如果减肥塑身是一次变身,那么写满这本本子就代表变身的过程。变身,其实就是这本本子被赋予的情感属性。它带给读者的美好期待就是换一个新我。

社交分享:如何提升个人影响力

各种形式的自我介绍和 IP 故事文,是以比较直接的方式来讲故事。它们很重要,但并不是每天都要写。打造个人品牌,讲好个人故事,更多的时候是要靠日常生活中的人际交往来提升影响力。

在各类自媒体平台、社群、微信朋友圈等社交场合,我们的行为和发言本身,每时每刻都在讲述着自己的个人故事。它们以无形的方式存在，拥有水滴石穿的力度。用得好就能提升影响力，忽略则可能适得其反。

我有个朋友是银行信托经理，是一个30岁左右的年轻女性，但是单看她的微信朋友圈很容易让人以为她是个50岁的经济学教授。为了让自己的朋友圈更有价值，她经常分享各种经济类的信息，而且都是普通的转发。她的朋友圈，和很多银行从业者的朋友圈差不多，并不会让人觉得她的朋友圈有独特价值。因为很多信息可以在网络上轻易获得，而她只是个信息搬运工。

如果她想提升自己朋友圈的格调，更好地在高资产客户心中打造独特、值得信赖的形象，那么最关键的就是要成为一个有观点的人。在转发各种信息时，应该适当加入自己的分析、理解和判断，甚至要帮不同的用户筛选不同信息的要点。总之，发的每一条朋友圈都要体现自己的独特思考。

除此之外，想要拥有一个更立体的人物形象，要规划朋友圈的内容比例：除了专业知识，也要适度分享有温度的生活碎片，让自己不仅有专业名片，也有生活化标签。魅力来自专业，但无法仅仅靠专业来体现，既专业又有温度的人物形象，才能拥有更强的说服力、赢得客户的信赖。相反，**一个从来没有暴露过自己个人生活的人，实际上也会因为自己的戒备心，让潜在客户产生戒备心。**

我曾经参加过一个创业类的线下课程，课程体验非常好，上完课大家纷纷发朋友圈晒图写感受。一位同学的文案很简单："这两天封闭上课，收获巨大，体验非常好，很多旧认知被打破了，接下来就是好好加油。"配图是几张她在听课现场的图。

这样的朋友圈文案非常常见，而且情节单调，情绪干瘪，没什么价值点,是一条毫无质感的朋友圈文案。

上同一个课程的另一位学员则选择抓住一个细节来写:"这两天在深圳上课,课程内容很好自不必说,从细节上体会到主办方的周到考虑。茶歇区除了日常的饮品和甜点,特别增加了适合女生的红糖姜茶。这样一个小细节就足以把人暖到了。在创业课上,老师讲到要永远超越用户的期待,做有温度、有人情味的产品。我想,这个细节就是创业课的场外教学了。把用户当成一个个具体的人,而不是冷冰冰的数据,这应该是我学到的创业第一课吧。"

后面这条朋友圈显然更有价值,因为有独立的观察和判断,并且学员用了一个非常重要的故事细节来论证自己的判断。同时还把这个细节与创业课的内容相结合,进行进一步的深刻思考和提炼。简单的几句话就完成了一个非常完整的逻辑闭环。

讲好个人故事是一个系统工程,但本质上人设是无法被打造的。长久来看,我们只能真实地分享自己的生活、专业性和价值观。故事是一种温润有力的说服,故事化叙事应该变成一种你惯用的叙事方式。

> **本章追问锦囊**
>
> 开启自我追问,写出生动、有代入感的故事。
>
> - 哪些关键事件能更有效地论证观点,为观点服务?
> - 这个故事中最有冲突/变化/矛盾的关键情节是什么?
> - 读者会在我写的哪个场景里入戏?
> - 我的文章,读者有可能会在哪种情绪里获得共鸣?

边学边练

1. 请用本章第 3 节讲到的"五感"的方法写一个有场景感和代入感的画面。可以选择与美食相关的场景，比如城市的早点摊、夏天的夜市、过年的家庭聚餐等。

2. 请用本章第 5 节的"光芒模板"写一个你的成长故事文的框架，写出有双高潮的故事变化路径。

_____

_____

_____

[第 5 章]
CHAPTER5

提升语言质感，营造沉浸式的阅读氛围

见字如面，语言质感就是你生活的质感

语言是生活的投射

语言是一个人气质的外显，但它也是一把双刃剑。我们说的每一句话，写的每一个字，都是不可避免的自我暴露。无论是朋友圈文案、合作邮件、在公开场合的发言，还是给孩子写的幼儿园入园申请，你每天都在透过语言，告诉这个世界你是一个什么样的人。

在网络上看到这样一段婚礼致辞，来自新郎的父亲。

我有一个感慨，时间都去哪儿了。今天我想说，时间不仅在我们的白发里，也在孩子们的幸福里。在这里我要郑重地感谢陈珊，美丽、善良的她是上天给我们韩

家带来的最大惊喜。也谢谢我的儿子韩艺，这20多年他的陪伴是我们家最大的快乐，谢谢你。

我和他妈到了这个岁数，也经常想起他小时候的事情。不说了，难忘是他的调皮，不舍还是他的调皮。可是他总要长大，我愿意看到他幸福。

没有俗套的"感谢嘉宾百忙之中到来""大家吃好喝好"，就是真诚地说说作为父亲的感受，寥寥数语，却十分真诚、动人。

语言是生活的投射，比修辞手法和辞藻堆砌更重要的，是对生活的细腻感知。 下面分享几段我很喜欢的文字，写作者身份迥异，语言风格也各不相同。不管你有怎样的文字审美，都一定会被这些文字击中。

要有书房，用于高浓度的读或写，输入或输出，相当于练功的山洞、修行的蒲团。

要能独处一室，隔离扰攘，要陈列读了再读的书，要能在犹豫踌躇的时候静坐。

要有窗，要能望见古时月，要开窗时有风吹进，清风明月，再塑金身。

——趁早创始人王潇，《理想的书房》

我是赤着脚走路的那种人，路上没有红毯，只有荆棘。中年以后整理自己的生活经验，发生了一个疑问，当年走在路上，前面明明有荆棘，为什么走在前面的人不告诉我呢？前面有陷阱，为什么没有人做个标记呢？前面有甘泉，为什么去喝水的人不邀我同行呢？经过一番研究，我知道一般人在这方面是很吝啬的。于是我又衍生出一个想法：我一边赤脚行走，一边把什么地方有荆棘、什么地方有甘泉写下来，放在路旁，让后面走过来的人拾去看看。

——王鼎钧，《作文七巧》

我突然意识到，我们留在他乡、独自奋斗，从渺小出发、经历起伏、抵达未知，一路悲喜交加，见过深渊，亦见过善意。最终，我们未必会成为一个成功的人，但我们总算成了一个稳定的人——心态稳定、目标稳定、情绪稳定。

——王欣　作家、撰稿人

幸福是什么？我不知道。我不知道如何精确地定义它，但我可以说出一些幸福的时刻：当一个我撞击着墙壁，另一个我猛地松开攥紧的心脏时；当我们躺在山顶，一觉醒来，看到落日照亮远处的山脊，被安宁填满时；当我们彻夜不息地长谈，谈到如何在这个疯狂的世界活下去，谈到美如何击倒我们时。

——刘巨文　诗人、学者

他们当然都非常会用比喻、排比，会把几乎被人们遗忘的生活细节刻画得如电影画面般富有质感。但如果没有对生活的敏锐观察，再好的技巧都无法使文字这般灵动。语言的生动或苍白、啰唆或精致，都准确地映射了我们的生活。语言，甚至是我们重新发现和理解生活的一个切口，是对生活的二次创作。当琐碎日常被描绘得灵动，当内心情绪被恰如其分地表达时，读者读后很难没有共鸣。

幸福是什么？诗人刘巨文先生说：幸福就是当我们躺在山顶，一觉醒来，看到落日照亮远处的山脊，被安宁填满时；当我们彻夜不息地长谈，谈到如何在这个疯狂的世界活下去，谈到美如何击倒我们时。尽管曾经在山顶感受过辽阔和宁静，曾经和朋友彻夜长谈白日梦，但只有细腻地感知过当下，在写作时，这个画面才有可能浮现在脑海里，落于笔端。

如果你的生活本身毫无生气，或者你对生活的敏锐度很低，那么当你被问到"幸福是什么"时，大概只能说出一句不知道从哪里听来的网络流行语：幸福就是有肉吃，有人爱，有事做。这样的句子不能说不好，但多少显得有些俗套。写作中使用大众过于熟悉的网络流行语，也会让读者产生轻微的阅读不适。借用或照搬不能说不好，但总归少了点写作者的气节。

你对文字表达的质量有没有自我要求，读者一眼便知。认真感知生活，刻意字斟句酌，至少可以写出："幸福是什么？是落日余晖洒满客厅，是微风让新晾晒的蓝色衬衫飞起又落下，是爱人在厨房忙碌的身影，烹调出一锅红烧肉的人间滋味。"看起来文笔更好吗？辞藻华美和修辞是其次，更重要的是提高感官敏感度，细腻地感受生活。

在一个写作论坛上，我曾经听到过一个非常美好的故事，以至于很多年后的今天依然记得。当时一位爸爸在分享自己女儿练习写作的经历："我并不是写作老师，也不会给孩子讲修辞手法。我认为写好作文最重要的是让孩子学会观察生活中的细微变化。我曾经让孩子连续一个月，每天观察卧室窗外的一棵树，每天就写这棵树的观察日记。"这听起来是一个奇怪而枯燥的练习，一棵树的明显变化应该要按季节来算，放到 1 个月的 30 天里能有什么变化呢？有什么可写的呢？

30 天后，女儿的作文本上出现了：早上晨光摇曳中的树，傍晚夕阳映照中的树，晴天的树，雨天的树，有风吹过时树的样子，酷夏蝉鸣中树纹丝不动的样子，白天的树和夜晚的树，等等。30 天，一棵树的 30 种不同姿态，都被小女孩细致地观察到并写了出来。这位爸爸说，一个月后，女儿的作文有了非常大的进步，也因此爱上了写作。

感动我的不是她的作文是否有进步，而是我们习以为常的生活，原来有那么多被遗忘的片段。因为每天都要观察同一个东西，所以为了写得不一样，需要看到同一个东西的不同侧面。小孩子会自然地打开所有感官，去看、听、触、嗅、闻——五感被全部调动起来了。只有当我们看到了世界不同的样子时，我们才能写出有千百种模样的世界。

感受力缺失的人，再好的风景写出来都很苍白，再好的故事讲出来都有些寡淡。想要写出有质感的文字，我们需要重新找回对生活的敏感度，向外观察，向内体悟。

好语言要永葆轻盈的少年感

谈到语言时，人们往往会认为好语言等于好文笔，好文笔等于辞藻华丽。实际上，上节中的例子用的都是最朴实的词语，没有使用任何华丽的辞藻、诗词格律、名人名言。反而是写作的初学者，很多都在寻求"提升文笔的方法"。事实上，语言的华丽和"油腻"，往往只有一线之隔。那些咬文嚼字、追求优美文笔的写作者，容易写出空洞无味的文字。

下面是两段学员的习作：

> 生活是一地鸡毛，优雅是孔雀头上的羽冠，本不该出现在同一个维度。所以于忙碌和杂乱中，我们有时候需要停下匆忙的脚步，去感知阳光，感知落叶，感知时间的流逝。不管是在什么样的环境中，身居豪宅还是陋室，完全可以铺一块简素的桌布，冲一杯咖啡，吃一块甜点，和阳光对话，和自己的内心对话。生活不止眼前的苟且，还有诗和远方。
>
> 当我们能够与自然对话，与环境对话，与自己的内心对话时，我们就不会再那么焦虑，那么牵肠挂肚。和生活做朋友，和自己做朋友，和时间做朋友，对自己不苛责，对结果不焦虑，对生活不忧虑，我们会越来越放松，越来越平静，越来越自然、顺遂、如意。

这两段文字乍看起来很不错，但读完会觉得什么都没有记住。写作者停留在对好词好句的引用，以及对生活的空洞感慨上。过于强调辞藻华丽、追求形式美感，很容易变成一种"油腻"的无病呻吟。

真正有质感的语言应该永葆轻盈的少年感。保持轻盈的第一步就是"去腻"，避免过度渲染，减少引用，克制感慨。

保持语言轻盈感的第二个方面就是"脱俗"，忌陈词滥调，不要滥用俗语，警惕对太熟悉的句子的直接引用，摆脱对名人名言的依赖。

"羡慕牛人不如成为牛人""比你聪明的人，比你更努力""一个人走得快，一群人走得远""梦想还是要有的，万一实现了呢"，像这些被频繁使用的句子，因为流传太广，哪怕它们本身是正确的道理，也已经变成了陈词滥调。

"纵观人类历史长河，逃脱命运限定的人数不胜数。李世民如果听从命运安排，没有玄武门之变，也就没有后面的贞观之治。武则天如果听从命运安排，相夫教子，就没有武周的繁华盛景。朱元璋如果听从命运安排，也许只是一个乞丐、放牛娃，不会有大明朝200多年的国祚。"像这样更古老的例子，即使故事本身不错，也难以调动读者的兴趣。

常见的句子不是不能用，而是要克制，最好略加修改。"你的气质里藏着你读过的书，走过的路，爱过的人。"这也是一句流传很广以至于有点像陈词滥调。特别想引用的时候可以适当改一下。"多年以后，她的样子会代替华丽的语言和衣服来告诉世界，她走过的每一段路，见过的每一处风景，遇到过的每一个人，30岁后会渐渐长成她灵魂的样子。"这段文字来自王潇，她未必改写了前面那句话，但这个对比却提示我们，用稍加修改的方式去表达同一个意思，比直接引用的效果好得多。想要"脱俗"，先得尽可能远离已知的好句子。

我们经常强调语言的修辞作用，但往往忽略一点：文字永远是为内容服务的。写作者只有准确知道自己想表达的意思，才能知道使用什么样的语言。

下面两段文字描写的是同一道英国的黑暗料理：茄汁意大利面圈。

版本 A

> 我怀疑朱莉奶奶用的是罐头茄汁，味道很浓也很

酸，而泡在不凉不热的茄汁里的面圈，口感很怪。你大概也可以想象，它如果脆得像零食，你就不会希望它泡在咸的茄汁里，而如果把一勺软塌塌的面圈放进嘴巴里嚼，口感也不会太好……不过，旁边的炸鸡排和小土豆还是好吃的，而且只要把鸡排和小土豆吃完，我其实就差不多饱了，不吃那些茄汁面圈也可以。

版本 B

这第一道黑暗料理的卖相极具迷惑性，因为它看起来太正常了！

我第一眼先看到的是炸得金黄的大鸡排，旁边躺着几颗白水煮过的小土豆，还有在番茄汁里"漂浮"着的几十个"救生圈"（一些圆圈形状的意大利面），这看起来是一道正常的大餐。但就是这看着再正常不过的食物，成了我在英国吃到的第一顿"噩梦"晚餐。

初看它的造型时，我以为它的口感和早餐时倒入牛奶里吃的"脆谷乐"差不多——脆脆的，香甜又美味。带着这样美好的期待，我舀了一勺送进嘴里。

但谁能想到这些可爱的"面圈"泡在番茄汁里，变得软塌塌的，口感也十分粗糙。酸不溜秋的番茄汁和吸收了番茄汁的"面圈"在我的舌头上摩擦，挑战我的忍耐极限。

我立马意识到我错了，耳旁仿佛传来了面圈对我的嘲笑："哈哈，没想到吧！"

你能想象吗？两个版本出自同一人之手，而且写的是同一道菜。版本 A 明显逊色很多，版本 B 则用到了非常幽默的语言和心理活动，透过文字就已经能感受到这道菜的黑暗至极。版本 A 来自写作者一篇题为《英国留学初体验》的文章，他在文章里介绍了很多体验，黑暗料理只是其中一部分。版本 B 是写作者把文章内容做了大幅删减后形成的一篇专门讲英国黑暗料理的文章。当主题聚焦之后，写作者立马意识到不能用平铺直叙的语言来介绍菜谱。突出"黑暗料理"，用幽默、夸张的语言显然更适合。

表意重点是什么，决定了用哪种语言风格。

这就是让语言保持轻盈的第三个方面：主题聚焦。好语言要尽可能地远离"腻、俗、散"。去腻、脱俗、聚焦主题。好文字是永葆轻盈的少年感：清新自在，目光炯炯。

语言加减法：一个文字匠人的自我修养

我曾经写过这样一段文字：

> 完成一篇文章的过程，就是一次高密度的脑力激荡，至于最后在键盘上敲出来的 1000 多个字，反而只是冰山一角罢了。那平静湖面下，不断扑腾、反复演练和思考的过程，才是写作这件事最大的爆发力所在。

其实原本的句子是"写作背后的辛苦无人知晓，辛苦永远在别处"，但是当我脑子里冒出这个句子时，下意识觉得这样写太直白了，不够生动。于是我刻意要求自己去想了一个比喻，把自己想说的话用更生动的方式表达出来。这样一次次的"不满足"和"刻意雕琢",是写作本身的魅力,也是一个写作者的基本修养。

这种文字层面的精雕细琢,是一个先做减法,再做加法的过程。做减法,只有让语言精练、不啰唆,才能更精准地传递信息和观点。做加法,恰当地运用修辞手法会让表达更生动。

用好加减法之后,要想办法让语言有节奏感,读起来抑扬顿挫。让读者从语音语调、表情达意、视觉感受等方面感受到文章的起伏节奏。这种节奏感会让文字更耐读,像一湾河流,而不是一滩静水。

语言训练不是一时之功,技巧也很多,本章将分享3个最关键的点:精练、生动、节奏感。好文字是改出来的,做个文字匠人,才有可能把文章写得轻盈又灵动。

4把"剪刀",让啰唆变精致

在很多人的固有认知里,语言训练主要是做加法:增加词汇量、多用形容词、用更多的修辞手法等。但是过去6年多的一线写作教学经验告诉我,啰唆是最常见的语言问题,做减法才是语言训练中的首要任务。

很多看起来不够精准的句子,并不是因为写作者没有储备合适的词语,而是有太多旁枝影响了表达的精准度。想让语言精练、精到,写作者需要像园丁那样,修剪旁枝,砍掉冗余。文字匠人手中的4把剪刀分别是:减少重复、长句子改短、条理化输出、抹除口语痕迹。

减少重复

> 昨晚,雨后的天气不再炎热。柚子就是不愿意上床,说闷、要开窗,又说楼下太吵还是关窗安静。等她好不容易上床了,柚子爸也准备上床时,又听到了柚子的喊声,她的声音有意压得很低,估计是担心吵醒柚子妈。好在柚子爸的耳朵灵敏,即使柚子喊声再轻,他也能听见。

这段文字有问题吗?一个温馨的亲子互动片段,字数也不多,但读起来却非常啰唆,枉费了真情。稍微留意一下,不难发现有明显的人称重复。

写作者采用了"柚子""柚子爸""柚子妈"这种人物命名方式,人名之间有巨大的重复感,混在一起用时就出现了满篇的"柚子"。语言重复还容易增加阅读负担,不利于读者理解文意。

为了减少重复,修改后的版本如下:

> 昨晚,雨后的天气不再炎热。柚子就是不愿意上床,说闷要开窗,又说楼下太吵还是关窗安静。等她好不容易上床了,爸爸也准备上床时,又听到了柚子的喊声,她的声音有意压得很低,估计担心吵醒妈妈。好在爸爸的耳朵灵敏,即使女儿喊声再轻,他也能听见。

减少重复,把某些人物名换成其他的人称代词,这段文字会立刻变得清爽起来,人物关系也会变得更清晰。文章中出现大量的人称代词"我",也是语言啰唆的一个常见情况,比如下面这段:

> 此刻的我顾不上老公说了什么,我专注在我的努力

和期待里，我希望这台打印机可以惊艳所有人，我可以骄傲地和老公说一次：听我的没错！

一段话 62 个字，用了 6 个"我"字，显得冗余。稍做删减之后就会好很多。

> 此刻我顾不上老公说了什么，就专注在自己的努力和期待里，希望这台打印机可以惊艳所有人。到时候，我可以骄傲地和老公说一次：听我的没错！

每个人的语言习惯不同，喜欢重复用的词也会有所不同。在通常情况下，人称代词（"你""我""他"）、助词（"的""了"）等是最容易重复的。减少重复的有效方法就是多读、勤加修改，多读才能注意到自己的用语习惯。在保证意思表达完整的情况下，减少词语重复使用的次数，语言一下子就会精练起来。

长句子改短

过长的句子读起来也会有冗余感，让读者喘不过来气。把长句子改成短句子，表达会更轻盈、利落。

举个例子：

> 我精心挑选了 6 本布书，30 多本英文绘本，坚持每天给她读 1～2 个小时，每次讲的时候她都很兴奋，手舞足蹈，听得格外认真，我发出单词转音时，她也配合地露出微笑，她看起来很开心。

读这种长句子几乎让人喘不过气。整个句子只有一个主语"我",后面的"手舞足蹈""听得认真""露出微笑"等的主语其实是"她"。如果不及时转换主语,句子就会因为过长而致使表意不清晰。改变主语混用的情况,把长句子改短,文字会利落很多。

修改后的版本:

> 我精心挑选了6本布书,30多本英文绘本,坚持每天都给她读1～2个小时。每次听我讲,她都很兴奋,手舞足蹈,听得格外认真。遇到单词转音时,她也配合地露出微笑,看起来很开心。

句子变短,主语清晰,表达更明确。

> 每次见到伫立在盛开的合欢树下浅笑的他,随着清风吹过,绒球状的花朵散落,周身好像弥漫着浅浅的粉雾,我都会不自觉地咧开嘴,幻想和他在花树下携手到老的情景,很美好!

这段文字的问题也是句子太长了。把长句子改短,变换一下主语,会让表达更精致。

修改后的版本:

> 他在盛放的合欢树下伫立,浅笑!清风起,绒球般花朵散落,淡淡粉雾在他的周身弥漫。
>
> 我不自觉咧开嘴幻想,和他于花树下牵手到老的情景。很美好也很温暖!

> 我忍住想要呵斥孩子的心情，先是把她搂在怀里，听完她的委屈哭诉，同时平复好自己的情绪，然后告诉她我很抱歉没有花时间陪她，同时表示我也很想陪她玩，只是我现在还有一点工作没有完成，如果不做完就无法专心陪伴她，我问她有什么好建议，然后我们一起商量出了一个折中的办法，孩子表示同意并且没有再哭闹。

143 个字只有一个句号。强行断句，就能瞬间让啰唆、冗长的文字变精练。

修改后的版本：

> 我忍住想要呵斥孩子的心情，把她搂在怀里，听她委屈哭诉，同时也给自己时间平复情绪。
>
> 等我们都平静下来了，我好好向她道歉，并告诉她妈妈并不是不想陪她，而是有很重要的事要先处理。
>
> "宝宝，你有什么更好的建议吗？"
>
> "妈妈，要不我陪你写作业吧"。
>
> 孩子自己擦干眼泪，搬来了自己的小板凳。

条理化输出

导致语言啰唆的另一个原因是缺乏条理性。要想改变这种状况，需要先进行分类，然后合并同类项。以并列的方式呈现，或者以数字序号来呈现条理性，都是非常好的方式。

修改前：

> 心里燃起了一团小火苗，很想去学形象顾问课程，

> 可又担心30多岁的年龄，再转行会不会太晚了，是不是只是临时起意？靠目前和甲方的关系，再找个工资差不多的工作，问题应该不大。但是做形象顾问就是从零开始，身边人对这个职业的认知也基本为零。
>
> 每天晚上问自己，是不是真的喜欢，再三确认后终于鼓起勇气去了解。说真的，审美对味的机构，学费真的不便宜。在要考虑家庭收支的时候，再次陷入了纠结。其间也听到了很多质疑的声音：为什么要学这个？谁会需要这样的服务呢？但是有些事现在不做，真的可能一辈子都不会做了，就像开淘宝店，没有坚持下去一直是我的心结，这次我要努力做到。

这些"碎碎念"，主要是讲写作者自问了很多个问题，而且心理十分纠结和矛盾。但因为内容缺乏条理性，显得非常跳脱。既然核心内容是在问问题，那么就把问题进行分类，按不同类别挨个来讲，这样整体就会清爽很多。

修改后：

> 我心里燃起了一团转行的小火苗，形象顾问是我现在很向往的职业。可是，刚刚燃起火苗，我脑子里马上又冒出了一堆问号：
>
> 30多岁转行会不会太晚了？我的积累基本为零，做这行真的有前景吗？会不会一败涂地？（关于转行的时机和自己未来发展的担忧。）
>
> 我是真的喜欢，还是只是想逃避？虽然我不喜欢现在的工作，但至少可以保证我衣食无忧。（对当前工作的评估。）

学费真的不便宜，家庭财务状况会不会受影响？（关于具体选择时的卡点。）

虽然脑子里有这么多问号，但因为有之前关掉淘宝店的遗憾，所以我想：有些事现在不做，真的可能一辈子都不会做了。

关掉淘宝店的遗憾，我不想再经历一次了。排除万难，我也要任性一次，追逐自己热爱的事情。

把问题按类别，一类一类地写，整体会显得更有条理。

抹除口语痕迹

虽然写和说本质上是一件事，但文字表达如果过于口语化，也会显得啰唆、不精致。在写作中要刻意抹除口语痕迹，比如频繁出现的"对话体""问答体"，以及间接引语和直接引语。

举个例子：

就这样我在一年时间里读了10本书。

可能有人想问，为什么要看那么多书呢？

因为我个人习惯通过看书来获取知识，让我保持独立思考，从而能跟上时代的发展。

去掉口语化的表述和自问自答，修改后的版本如下：

按照这样的节奏，当全职妈妈的第一年我读了10本书。这10本书都与行业最新动态和互联网新业态的研究有关。

通过看书来获取知识,我可以保持独立思考。只要人的知识一直在刷新,即便不在职场,也不会掉队,并且拥有随时归队的能力。

对话体在文章中也要慎用,对话只能作为文章的点缀,不能用对话代替叙述。

举个例子:

某天和朋友聚会,饭后闲聊。

燕子:"我要告别自由的生活、回单位打卡上班了,以后可能没有太多时间再聚会。"

我:"你不是停薪留职吗?"

燕子:"再不回去,以后都回不去了,唉!"

我:"你还有单位回,知足吧。我辞职之后是自由,但是每天都会因为对未来感到不确定而焦虑,让人惶惶不可终日。我觉得自己时刻游走在崩溃的边缘。"

安心:"别着急,马上暑假了,郊游给你安排上,我给我儿子报了一个家庭暑期夏令营,半个月时间,要不要去体验一下?换个环境,换种心情,你不是喜新厌旧嘛。"

我笑:"错了,错了,我明明喜新恋旧。"

修改后的版本如下:

周末跟朋友聚会闲聊,聊到辞职后做自由职业的状态。

我感慨说:"自由是自由了,但不确定的未来,让自己随时游走在崩溃的边缘。以前工作忙，都还有时间旅行，现在闲下来反而懒得出门了。"

朋友看我状态很差，就提议我周末和她一家去参加孩子的夏令营，好换个环境。

这段文字是一篇文章的开篇，用精练叙述代替对话体，可以去掉不重要的信息，方便快速进入文章正题。

关于如何做文字的园丁，剪去旁枝，我分享了4个方法，分别是减少重复、长句子改短、条理化输出、抹除口语痕迹。除了在写作过程中有意识注意这4个方面，还可以参照下面的自查清单，每次写完文章都逐一排查一遍，以保证语言精练。

语言精练自查清单

- 文字是否"一逗到底"，是否需要再进行断句、分行、分段。
- 相邻的句子和段落中，是否有太多重复的词。尤其是人称代词（我、你、他）、助词（的、得、是、了）、语气词（吧、啊、呐、呀、哈）等。
- 是否有太多问答体和对话体。
- 是否存在主语混用的情况。
- 有没有意思重复的段落，是否需要通过排序的方式让条理更清晰。
- 在表达同样的意思时，能不能尽量使用最少的字数。

创作是克制的艺术，请果断修剪旁枝。 种瓜得瓜，对文字有耐心的人，终将收获饱满的果实。

巧用 2 把修辞刷子，营造沉浸式的阅读氛围

给文字做减法是精进语言表达能力的第一步，但如果只追求精练，就会像减肥的人只追求减轻体重一样，即使真的瘦下来了，也很难有美感。想要健康有活力的美，还必须有点肌肉。想让文字从苍白、乏味，转变为鲜活、灵动，需要再做加法——使用一些修辞手法。

修辞是非常重要的写作技巧，用得好能让文字蒙上一层浪漫的光晕，营造沉浸式的阅读氛围。如果只掌握两种修辞手法，我推荐比喻和排比。这种小学就学过的方法，想在成人的写作里用得高级，有两个关键点：不刻意、不滥用。用更有巧思的方式使用比喻和排比，弱化使用它们的痕迹，会让阅读体验更美妙。

比喻：秒懂的默契

回到本章开篇提到的王鼎钧先生写的那个片段（见第 213 页），那是一段满篇比喻，却让你找不到任何比喻痕迹的文字。赤着脚走路，没有人引路，没有防御；走的既是人生路，也是写作路；红毯代表光鲜亮丽、万众瞩目的生活，或者一条没有艰难险阻的坦途；荆棘代表所有的困难和挫折；甘泉代表经历困苦后看到的光明，或者所有美好的事物。想象一下，如果完全不用这些比喻，这种专门讲道理的文字会是多么干瘪、枯燥。

和这个写法类似，我们写作班的学员写出了下面这样的习作：

> 我信誓旦旦想要到达最美的彼岸，可是众人口中的彼岸各有千秋，无法全部到达。

> 友人问我为什么还没到达彼岸？因为我听了太多，听得太入迷，忘记了迈出第一步。忽然从沉迷中惊醒，我拼命跑向彼岸，可是旅途太远，旅途中的风景太美，眼前的路又看不到尽头。看周围人一个一个都在半途停歇，我也不愿意再忍受旅途的疲劳，就学他们，在旅途的过程中安营扎寨。
>
> 听了那么多道理，还是过不好这一生，或许是因为我没有方向，没有行动，没有坚持。

这段文字，用"旅途和彼岸"来形象化地讲述了为什么"听了很多道理依然过不好这一生"。用一个情景化的比喻，比单纯讲大道理要有意思得多。这种对真实生活的还原再现，更容易让读者因为共识快速产生共鸣。这样的写法简短、有趣、有吸引力，同时非常特别。

同样的主题内容，另一位学员则用了这样的比喻：

> 指望听很多道理就能过好这一生，就像指望吸冰毒就能永远快乐一样。道理和过好之间永远充满了严肃的思考与不懈的实践。

用具象解释抽象，也是非常直观、有效的做法。我自己也非常喜欢用比喻，下文节选自我早期写的一篇关于写作的文章。

> 完成一篇文章的过程，就是一次高密度的脑力激荡，至于最后在键盘上敲出来的1000多个字，反而只是冰山一角罢了。那平静湖面下，不断扑腾、反复演练和思考的过程，才是写作这件事，最大的爆发力所在。

(这里其实暗含了一个比喻：写作好比鸭子游泳，湖面虽然平静，但它的双脚在水下要用力划行。)

从一个想法，到一个简单的框架，再到完成一篇完整的有血有肉的文章，这其实就是一个登山的过程。过程中会几度觉得自己坚持不下去了，这里卡住写不动，那里没想清楚。于是，大多数人会选择在半山腰放弃，垂头丧气地说："我不是这块料，我写不出来。"

我的大多数初稿也都惨不忍睹，但我就是有改了一遍又一遍，不断折磨自己的劲头。在写文章这件事上，我自己一直是那个坚持到登顶的人。因为，每一次登顶都使我信心倍增。两年，这么多文章写下来，我体会过无数次翻山越岭和登顶的喜悦，它带给我的成就感和自信，绝不仅仅是在写作上。

比喻，可以让写作者描写的景象更有画面感，通过用大家更熟悉的事物来快速产生联系，文字一下子就有了四两拨千斤的效用。

排比：一浪接一浪的情绪

情到浓处，事到深处，一个句子往往不足以表达全部情绪。这时，使用排比可以有效弥补过度单一的抒情。排比也是营造沉浸式阅读体验的好方法，用得好可以让情感表达的浓度翻倍。

老舍在《北平的秋天》里写有这样一段：

> 论天气，不冷不热。论吃的，苹果、梨、柿子、枣儿、葡萄，每样都有若干种。论花草，菊花种类之多，

花式之奇，可以甲天下。西山有红叶可见，北海可以划船——虽然荷花已残，荷叶可还有一片清香。衣食住行，在北平的秋天，没有一项是人不满意的。

大量的排比，不仅让描写更有条理，也更有气势。北平的美一浪接一浪，扑面而来。不用排比，是很难达到这种效果的。

排比本身虽然蕴含工整之美，但要想用得高级且有质感，恰恰是要适度打破过于工整的匠气。老歌《春暖花开》里的这几句歌词，就是打破排比匠气的很好的代表：

如果你渴求一滴水，我愿意倾其一片海；如果你要摘一片枫叶，我给你整个枫林和云彩；如果你要一个微笑，我敞开火热的胸怀；如果你需要有人同行，我陪你走到未来。

整体用的是"如果……我……"这一句式的排比，前半句基本上都是"如果你要"，但后半句在不断变换，先后从"我愿意""我给你""我敞开"到"我陪你"。

本章开篇我引用的几段文字，也都是排比运用得非常好的例子。王潇在《理想的书房》中写道："要有书房……要能独处一室……要有窗……"这是非常工整的并列式排比，但每句的后半句都各不相同，不仅字数不同，语言的节奏也不同，因此整体有了工整又灵动的效果。

我自己写文章时也非常喜欢用排比，不管是讲故事，还是表达情感。用好多字都写不清楚的故事情节，不妨试着用一组排比来摆脱线性叙事；想引起共鸣，不妨用排比逐层提高情感浓度。下面分享两个我的文章片段。

片段 1

在一个本该窝在沙发里刷手机的寻常晚上 8 点,我换上运动鞋,打开运动软件,下楼,开始跑步。从跑两千米都喘,到轻松跑 5 千米。从 10 个深蹲,到 100 个深蹲。从做 20 秒平板支撑,到撑满两分钟。

有时候我也会怀疑:就这么每天出一点点汗,在垫子上七扭八扭,真的能减掉跟了我那么多年的肥肉吗?真的能改善卵巢功能吗?但是,当我第一个月瘦了 2.5 千克,第二个月也瘦了两千克的时候,我突然如获至宝。减肥这件事对我来说一直像一个黑盒,万千奥秘解释不清,遍寻无果。突然,这个黑盒就自己打开了。

晚饭在 7 点前吃完 + 每天运动 30 分钟 = 每个月稳定瘦两千克。这是我在这个夏天收获的减肥秘籍,也是黑盒里的乾坤。当我眼看着自己的"水桶腰"出现了类似沙漏的弧度,

当我身上 XXL 码的运动服实在肥得有点夸张,

当体重秤上的数字回到 10 年前时,

我好像终于赢回了一点对生活的微弱的掌控感。

这点微弱的掌控感,是被宣判的中年巨大的惊喜。30 岁以后的路,不只有一寸一寸"衰老"的侵蚀,还可以有未知的惊喜和战胜自己的希望。

片段 2

理想状态当然也是有的:

- 想事情总能清晰明了，取舍自如。
- 遇到所有事情，都能有章法地系统思考，理性安排。
- 沟通汇报工作，都能有逻辑地表达看法，不被误解，从无疏漏。
- 不惧怕新事物，有以不变应万变的思维方式，能很快理出脉络。
- 知道怎么分辨轻重缓急，再多的任务都能快速拆解，掌控进度。
- 有矛盾知道怎么去解决，有困惑也不再沉溺于情绪。

总之，要像个聪明人那样，逻辑清晰，思考完善，表达流畅，取舍利落。

当然，排比不能滥用，滥用则腻，腻则矫情。不要为了排比而排比，任何修辞手法最终还是要为表达内容服务。比如下面这个学员的例子：

你是否还记得，我们俩初识的场景；

你是否还记得，我们俩第一次一起看午夜场电影时的心情；

你是否还记得，我们俩曾经在一起走过的路，做过的事，吃过的饭；

你是否还记得……

虽然上例铺陈了很多场景，但情感并没有变得更丰富、更浓烈。**排比如果变成单纯的重复，就会成为一种矫情的形式主义。**对于过往恋情的怀念，怎么才能写出递进的感觉？一方面，可以从形式上摆脱匠气,打破工整,另一方面,可以把对事情的简单罗列,变成一种情感的递进。

修改后的版本如下:

> 你是否还记得,我们初识的那个篮球场,我们第一次看午夜场电影,我们最爱的那家烧烤摊,还有我们分开的那个下午。

4个"你是否还记得"减成1个,把排比的形式统一只放在后半句,弱化刻意的痕迹。同时后半句的这几件事也按照时间线层层递进,从初识,到第一次电影,到热恋后的烧烤摊,再到分手的下午。表面上是形式的工整,内核是事件和情感的递进。尤其是最后的"分手的下午"奠定了整段文字的基调,让表意更清楚,情绪更丰富,不单纯是回忆、怀旧,还夹杂着遗憾和唏嘘。

排比不仅可以激起一浪接一浪的情绪,它的工整还有一个最基础的功能,就是让文章有条理,避免啰唆。比如下面这段:

> "辰辰,快起床了!今天开学,再不起床就要迟到了!"
>
> "开学第一天,当然得早点去了,给老师留个好印象呀!"辰辰翻了个身,继续睡。
>
> "哎呀!快起来吧,新学校比原来的远,咱们得多留点时间在路上呢!"
>
> 我连拖带拉的,把孩子从被窝里挖出来。"衣服在床尾,自己穿!"等收拾完自己再回来一看,辰辰坐在床边发呆,衣服在床尾发呆。

"你都一年级了,还让妈妈帮你穿衣服呀。"一边埋怨,一边帮孩子套上衣服。

"快去洗漱!"

"不洗。"

"为什么不洗呀?不洗干净了怎么见新老师和新同学呀!"

"不想转学。"

"哎呀,新学校多好呀……"把讲过的一百个优点又讲了一遍。

就这样,从7点磨蹭到了7点40分,以前用10分钟就能做完的事情,今天用了40分钟,早饭?哪有时间!

修改后的版本如下:

清晨的孩子,像一只不慌不忙的树獭:"几点了,我还想再睡一会儿……"

7点,你以为他已起床,其实还在和周公爷爷下棋;

7点10分,你以为他已穿好衣服,其实还在半梦半醒间发呆;

7点20分,你以为他已在洗漱,其实还在和穿衣服艰苦搏斗;

7点30分,你以为他已坐在餐桌前,其实还在纠结今天用哪支牙刷;

7点50分,你以为他已吃完早饭,其实还在饭桌前发呆。

一整个清晨的忙碌,换来一句:"我不想上学。"

虽然看起来略显工整，但比之前的对话体要清爽很多。

表面上看，排比是一种形式上的"人多势众"，但要写得好，恰恰是要摆脱"人海战术"，不要纯罗列，要更注重内容的丰富性，以及情感的层层递进。因而排比的优点无非就是以下两个：要么使情节更丰富，要么使语义更递进，如果没有达到这些效果，就不如不用。

浮于形式的修辞空洞无味，真正为内容本身服务的修辞才能写出氛围感。

隐形乐谱为文字增加美感

节奏感，是对工整的保持与打破

中文是非常讲究韵律感的，唐诗宋词里的韵律和平仄是我们最初的美感启蒙。

> 茅檐长扫净无苔，花木成畦手自栽。
> 一水护田将绿绕，两山排闼送青来。
> ——〔宋〕王安石，《书湖阴先生壁》
> 远上寒山石径斜，白云深处有人家。
> 停车坐爱枫林晚，霜叶红于二月花。
> ——〔唐〕杜牧，《山行》
> 故人西辞黄鹤楼，烟花三月下扬州。
> 孤帆远影碧空尽，唯见长江天际流。
> ——〔唐〕李白，《送孟浩然之广陵》

字数的整齐和音调的押韵，是古体诗独特的工整美。发展到新诗，人们不再追求形式上的绝对工整，开始通过变化字数来追求另一种节奏感。

> 你，一会看我，一会看云。我觉得，你看我时很远，你看云时很近。

诗人顾城的名句虽然不再追求押韵，但依然追求内容上的对仗，情绪上的起伏。

> 我需要，最疯狂的风，和最静的海。

简单的对比，也形成了独特的内容节奏。

> 草在结它的种子，风在摇它的叶子。我们站着，不说话，就十分美好。

在寻常段落中，有一小句用了工整的对仗，也体现了一种灵动之美。

哪怕是生活中的语言表达，稍加注意文字的工整度，也能带来不一样的节奏感。我有一年去大理旅行，环洱海骑行后打算简单发条朋友圈。本来写的是"洱海骑行，美到窒息"，发送之前临时改成了"洱海骑行，美到词穷"。简单押个韵，不太刻意，但明显更顺一些，不禁为自己的改动得意了一会儿。从小泡在唐诗宋词里的中国人，骨子里难免都有对押韵的追求。不管在什么时候，工整的句子读起来就是会更顺。

任何事都是过犹不及，如果过于追求工整，文字就会显得刻意、呆板。更好的语言节奏感应该像音乐一样，有起伏变化，或激烈或舒缓，高低结合。这种灵动是一种对绝对工整的刻意打破，比如下面这句：

> 旅行的意义到底是什么呢？体验另一种生活，过另一种版本的人生，拥抱另一种可能性。

上例看起来不错，用到了排比，但工整有余，灵动不足。

保持工整的结构不变，表意上适当打破这种工整，给文字一点呼吸感，会呈现出另一番面貌，比如改成：

> 旅行的意义到底是什么呢？体验另一种活法儿，有多版本的人生，撞见新的可能性。

上例意思没变，在相同字数营造的工整美之上，又因为词语的丰富变化产生了小惊喜。排比中的动词"体验""过""拥抱"，都是略平淡的词，将最后一个"拥抱"改成"撞见"，会让整体的平淡有了灵动感。

读者通过词语的变化感受到的是写作者情绪的变化。长中有短，工整里有变化，平铺直叙中偶尔搭配一两个新词，语言节奏就会更明快。

我的老师，河北大学雷武铃教授有一本诗集《相遇》，收录了雷老师和学生们的日常习作，其中有一首诗我非常喜欢。

> 整个冬天我无所事事，
> 早晨醒，夜晚睡。
> 床前没看完的书越摞越高；
> 厨房里碗碟披一身细灰；

> 指甲油脱落斑驳，如年深日久
> 受潮的墙皮。
> 我不关心暖气、热水、
> 棉衣、食物，以及在
> 晴好的日子里晾晒棉被。
> 整个冬天我无所事事，
> 只因为你，彗星般出现
> 又消逝。
>
> ——《李君兰诗十首·北太平桥西：
> 整个冬天我无所事事》

"我不关心暖气、热水、棉衣、食物，以及在晴好的日子里晾晒棉被。"我非常喜欢这句。如果仅仅追求工整，可能会这样写："我不关心暖气、热水、棉衣、食物和棉被。"虽然意思完全相同，但太过工整的结构，会让抑扬顿挫的节奏感变弱。诗人通过组合使用4个词和1个短句子，十分巧妙地提升了句子的节奏感。从"棉被"到"在晴好的日子里晾晒棉被"，因为增加动词而呈现出了更丰富的画面感。

本章第2节提到过一个案例：

每次见到伫立在盛开的合欢树下浅笑的他，随着清风吹过，绒球状的花朵散落，周身好像弥漫着浅浅的粉雾，我都会不自觉地咧开嘴，幻想和他在花树下携手到老的情景，很美好！

修改后的版本如下：

他在盛放的合欢树下伫立，浅笑！（长句+短句。）
清风起，绒球般花朵散落，淡淡粉雾在他的周身弥漫。

(短句+长句+长句，字数不断增加，表意也层层递进。)
我不自觉咧开嘴幻想，和他于花树下牵手到老的情景。
（长句。）很美好也很温暖！（短句。）

从形式上看，节奏感体现在长短句子的组合使用上，给读者带来抑扬顿挫的节奏感，但又不单纯是为了呈现节奏感，它也让写作者有机会写出内容的丰富性和百转千回。

想要写出更丰富的层次，还可以叠加使用形容词，比如下面这句：

> 我小时候在桃园长大，总能吃到整片园子里最好的桃。桃树最顶端的那颗桃是最好吃的。

上例看起来也没什么问题，但是对于这颗桃的形容不算特别到位，三个短句的字数差不多，意思差不多，总体是工整有余，灵动不足。稍加改动，刻意组合使用长短句创造节奏感，叠加使用多个形容词，会让表达更精准、情绪更饱满。修改后的版本如下：

> 我小时候在桃园长大，总能吃到整片园子里最好的桃。就是长在桃树最顶端，享受了最多日晒，最多雨露滋润，泛着粉红瓤的那颗桃。

总结一下，节奏感是在工整中创造变化。先追求形式上的工整美，再适度打破工整，通过组合使用长短句、动词和形容词等方法，创造变化和呼吸感。

语言节奏是个很复杂、很庞大的话题，篇幅所限，本书只能分享一些最简单、最直接的小技巧。节奏感的系统提升，需要更丰富的阅读和大量的写作实践。

节奏感很重要，普通写作者通常体会不到它的重要性，高阶写作者则默默私藏，运用于无形，不着痕迹。节奏感是一张隐形乐谱，能为文字增加视觉美感和呼吸感。

文字是用来读的，也是用来看的

时下，屏幕阅读几乎成了一种主流阅读方式。从手机屏幕、iPad，到各种电子书阅读器，当阅读界面变小时，视觉的舒适度就更加需要被考虑到。

缺乏断句和分段的文字，既没有节奏感，也没有给读者喘息的时间。读者读起来不仅眼睛累，脑子也累。但也不能因此变成满屏都是短句子，这样文章的结构就会显得十分散乱。

想让文字有视觉美感，在保证内容逻辑严谨的基础上，可以刻意打破工整。具体可以从以下 3 个方面来改进：

以长为主，以短为辅

整篇文章，尽量还是要以长句子、长段落为主，大概占到 70% 的篇幅，短句子和短段落点缀其中。为了避免呆板，尽量不要出现接连几个段落的字数、行数都相同的情况。

根据阅读媒介，决定段落的长短

你的文字大概率是在什么媒介上被阅读？如果是纸书，可能要考虑 32 开一页纸的容量（当然这属于图书编辑的工作范畴）；如果是手机屏幕，可能要考虑大多数手机的尺寸。我之前简单测算过，如果是用手机阅读，文章最长的一段不要超过 5 行。也就是说，一屏之内最好包括长段落（4～5 行）、短段落（2～3 行）、金句（1 行）。这样，读者在阅读每一屏的文字时都能备感舒适。

用特殊版式创造视觉美感

除了简单的分段、分行，用特殊版式也可以创造视觉美感，比如使用不同字体、字号，小标题的运用，不同颜色的高亮显示，插图的合理使用等。

这部分没有绝对的好坏标准。写作者在创作之余自由发挥即可，以上 3 个方面仅供参考。

写作者是文字的匠人，其功夫不仅体现在对内容的精雕细琢上，也体现在对视觉美感的追求上。尽管每个人的文字审美不同，喜好的风格也有差别，但精练、生动、富有节奏感是语言质感的底色。每位写作者都应先打好基础，再去追求自己独特的写作风格。

本章追问锦囊

开启自我追问，让语言有质感和感染力。

- 语言还能再精炼一些吗？能不能再删掉 1/3 的字数？
- 至少使用了一种修辞手法吗？
- 文字的排版，看起来舒服吗？是否错落有致、有美感？

边学边练

1. 请选择你曾经写过的一个片段，试着用本章第 2 节讲到的 4 把剪刀来修改，让文字更精练。

2. 请选择你曾经写过的一个片段，试着用本章第 3 节讲到的排比来修改，让文字蕴含的情绪更浓烈。注意，不要过于追求工整，适度打破工整，语言会更有节奏感和呼吸感。

_____

_____

_____

[附 录]
APPENDIX

文叨叨文章精选

越写作越自由：在故事里认识文叨叨

下方二维码收录了我写过的 9 篇文章，选这些文章给你们看，有以下 3 个初衷（欢迎感兴趣的你扫码阅读全文）：

- 这里面有些文章，曾在正文中作为例子出现，希望你们看完全文后，能更好地理解我在正文中介绍的方法。

- 有个老学员曾经说："我报名写作课，一定会先去看看老师自己写的文章。她的文章我喜欢，我才会相信和喜欢她讲的方法。"这条留言我记了很多年。这是选择写作老师一个非常特别而重要的维度。所以，在这本讲写作方法的书里，我一定要加入自己不同类型的文章，吸引同频的人。此外，也是告诉大家，用这本书里的方法，可以写出什么样的文章。如果你喜欢这些文章，大概率我讲的方法也会更适合你。

- 这里选的文章跨度有 5 年之久，现在回看，早期的文章实在是略显青涩，越到后期，越能觉出理性、克制和柔软。这也验证了我书中的观点：写作的本质是思考，写作是对思维方式的重塑。这 5 年，我对生活的思考有很大变化，所以文章的风格也在随之变化，而且是越写越好了。

希望你能看到这样的转变，也能更加理解写作对思考的重要影响，更有信心投入创作。哪怕你现在写得不太好，未来也一定会越写越好。能用文字精准畅快地表达自我，我很开心——希望你也能早日体会到这份自由和喜悦。

[后 记]
POSTSCRIPT

写作，让我们品尝生活两次

写作常常源于一次突然而至的触动，可能是一夜秋风落，可能是有朋自远方来，也可能就是楼下小卖部的关东煮抚慰了加班人夜归的心。眼睛看到，心里感受到，情绪有起伏。写作者这种细微的生活敏感度是写作直抵人心的基础。

诗人海桑在他的诗集《我是你流浪过的一个地方》中，收录了一首小诗《雨过天晴》，其中有一小段是这样写的：

> 雨把屋顶当成一架钢琴，
> 一架好玩的破钢琴，
> 所以那弹琴的雨
> 定然是个调皮的孩子，
> 他乱弹一阵后，便跑往山的那边去了。

诗人细腻地观察到了雨落在屋顶上的节奏、声音和持续时间，更细腻地观察到了屋顶是破的，雨是匆忙就结束了的。甚至要想象屋顶也有像黑白琴键一样的结构,才能把它写成一架破钢琴。

"屋顶"和"雨",再平常不过,但带着写作之眼就能在平淡中发现盎然景致。生活是最丰富的素材库,关键要看你能不能对生活保有好奇,肯不肯沉浸在细枝末节里。本书用十几万字的篇幅讲了写作的技巧、思考的方式,但它们也只是写作的冰山一角。好好生活的能力,才是写作最重要的能力。

生活,过一遍,写一遍。写作,让我们品尝生活两次。希望看完本书的读者,都能为了写作,好好生活。

书稿付梓的时刻,我心里突然升腾起巨大的失落感,似乎还有很多话未说完,还有很多方法没有讲透,还有很多句子需要润饰。而我,也必须承认,此刻,就是我最好的水平了。

失落遗憾之余,又有巨大幸福包裹着我。临近交稿,应编辑的建议去收集学员评价,在他们的故事中,我似乎又重走了这6年。他们的故事带我一次次闪回现场。看着那些评价,我心中又升腾起巨大的幸福感,何其有幸,我曾在别人的人生中扮演过一个角色。其实,他们才是我人生中最重要的一部分。没有这6年和这么多学员,就一定没有这本书,恐怕我这6年的生活也会是另外的模样。

在这里,我想特别感谢我的每个学员。在拥挤的通勤路上,在夜凉如水时,你们曾经花时间和我在一起,听我讲课,写我布置的作业。感谢你们在书稿打磨过程中给予我很多有益的反馈、灵感、启发。感谢这本书的编辑陈兴军和欧阳智,谢谢你们用智慧和心力,为这本书做嫁衣。感谢我的出版人前辈马松老师,亦师亦友的出版界好友齐文静、魔云兽、王泽阳等,你们在我与编辑确定书名和文案时提供了很多灵感。谢谢声音教练金玲,在本书音频故事录制时给予我专业指导。要特别感谢我的先生,在我写书过程中分担家庭琐事,给我提供沉浸的创作空间,以及在我每每崩溃写不下去的时候,始终承担着情绪疏导员的角色。谢谢你们,我爱你们。

最后,这本书其实也是我送给三岁女儿的礼物。十几万字的写作,贯穿了我的整个妊娠期和新手妈妈第一年。因而撰写本书是属于我们俩的独特回忆。在以后的很多年里,我应该还能记得哪些章节是托着巨大的肚子写完的,哪些是趁她睡得很香时悄悄写完的。

此刻是 2023 年 2 月的最后一天,窗外的风已经渐渐有了春天的味道。给这本书画上句号之后,我也要奔赴下一程了。继续好好生活,创造崭新的作品。

读者朋友们,下一本书见。